新HSK 기출모의문제집 3급

지은이 박용호, 杜欣, 李媚乐, 赵春秋, 杨昆
펴낸이 임상진
펴낸곳 (주)넥서스

초판 1쇄 발행 2018년 7월 25일
초판 8쇄 발행 2025년 3월 17일

출판신고 1992년 4월 3일 제311-2002-2호
주소 10880 경기도 파주시 지목로 5
전화 (02)330-5500 팩스 (02)330-5555

ISBN 979-11-6165-150-7 13720

저자와 출판사의 허락 없이 내용의 일부를
인용하거나 발췌하는 것을 금합니다.
저자와의 협의에 따라서 인지는 붙이지 않습니다.

가격은 뒤표지에 있습니다.
잘못 만들어진 책은 구입처에서 바꾸어 드립니다.

www.nexusbook.com

HSK

기출모의
문제집

박용호 · 杜欣 · 李媚乐 · 赵春秋 · 杨昆 지음
한국중국어교육개발원 감수

여는 글

뒤돌아 보면 HSK 시험의 역사는 1984년 北京语言学院(현재의 북경어언대학)의 HSK 개발팀으로부터 시작됩니다. 1992년 12월 26일 중국국가교육위원회에서 HSK 시험을 국가급 시험으로 공포하고, 그 후 지속적인 연구 개발을 거쳐 초중등, 고등, 기초 시험의 구성이 최종 완성된 시점이 1997년이니, 이를 기준으로 삼는다면 만 20년이 훌쩍 지난 셈입니다.

필자의 중국어 공부 역사는 공교롭게도 HSK의 역사와 함께합니다. 1984년 대학에 입학하면서부터 본격적으로 중국어를 공부하기 시작했기 때문입니다. 초기에는 1~11급 체계로 치러지던 시험이 2009년 11월부터는 1~6급 체계의 新HSK로 바뀌어 현재까지 이어지고 있으며, 2010년대에 들어서는 지필 시험과 더불어 온라인 시험까지 시행되고 있는 것을 보면 HSK 시험도 시간의 흐름에 따라 많은 변화를 거듭하고 있는 것 같습니다.

초기에는 수십 명에 불과했던 응시생도 이제는 매년 20만에 육박하는 인원이 응시할 정도로 많이 늘었습니다. 국내 시험 주관 기관도 10여 개로 늘어났고, 시험 횟수도 19회(2018년 온라인 시험 기준) 실시될 정도로 많아졌습니다. 아직 HSK를 대체할 만한 시험이 없기 때문에, HSK는 중국어 능력을 테스트하는 공신력 있는 시험으로서 앞으로도 지속적인 성장이 예상됩니다.

2010년 필자가 소속된 〈한국중국어교육개발원〉에서는 국내 최초로 新HSK 1급부터 6급까지 전 과정을 아우르는 모의고사 문제집인 〈How to 新HSK 모의고사〉 시리즈 전 10권을 넥서스에서 출간한 바 있습니다. 그 후 여러 출판사에서 수많은 HSK 문제집이 출간되었습니다만, 책이 두꺼운 데 비하여 문제는 겨우 5회분 안팎으로 빈약한 경우가 대부분이었습니다. 불필요하게 자세한 해설보다 다양한 문제를 통한 실질적인 시험 준비를 희망하는 응시생 및

지도 교사들은 늘 불만이었습니다. 문제집 본연의 목적과 기능에 충실한 모의고사 문제집의 필요성, 그것이 이 시리즈를 새롭게 기획하게 된 이유였습니다. "아직 대한민국에는 문제집다운 모의고사 문제집이 없다. 응시생의 입장에서 문제집다운 문제집을 만들자!"라는 목적 의식에서 이 불친절한 문제집이 탄생하게 된 것입니다.

따라서 이 책은 자세한 해설이 없습니다. 그 대신 무려 15회 분량의 충분한 문제를 실었습니다. 이제 여러분은 자신의 현재 실력을 테스트할 수 있는 가장 경제적이고 효율적인, 진정한 의미의 모의고사 문제집을 만난 셈입니다. 문제 해석은 출판사 홈페이지에서 무료로 다운로드해서 참고할 수 있으니 금상첨화! 이제 이 한 권의 책이 여러분의 성공적인 삶의 동반자이자 중국 시장을 노크하는 새로운 도구로서 널리 활용되기를 기대합니다.

특히 2015 개정 교육과정 〈고등학교 중국어Ⅰ〉의 어휘 범위가 400개 내외라고 본다면 HSK 3급(600개 어휘) 공부를 한다는 것은 고등학교 전체 교육과정을 아우르는 가장 훌륭한 학습 목표점이 될 것입니다. 본 교재가 중고교 방과 후 수업과 유학 준비 및 취업을 준비하는 기초 단계로서 다양한 교육 현장에서 활용될 수 있기를 기대합니다.

끝으로 최고의 팀인 杜欣, 李媚乐, 赵春秋, 杨昆 교수와 迟佳钰, 杜英秋, 李梦姝, 王丹阳, 王丽华, 王诗卓, 王艳玲, 王英爽, 于蕾, 张达, 赵晓旭 선생님, 수고 많이 하셨습니다. 최고의 중국어 편집자 권근희 팀장과 출간을 허락해 주신 신옥희 전무님께 감사를 드리며, 바쁜 학교 업무에도 흔쾌히 번역에 참여해 준 이혜진, 조민혜, 김승현, 심혜인, 정아라 선생님, 열정적으로 교정에 참여해 준 李梦哪, 陆巍 선생님께도 감사 드립니다.

집필진 대표 박용호 드림

이 책의 활용법

모의고사 15회분 풀기
실제 시험을 치르는 것처럼 시간을 재면서 15회분의 문제를 풀어 봅니다. 듣기 문제를 풀 때는 무료 다운로드한 MP3를 들으며 풉니다. 부록에 수록된 답안지를 잘라서 답안 체크 훈련도 함께 합니다.

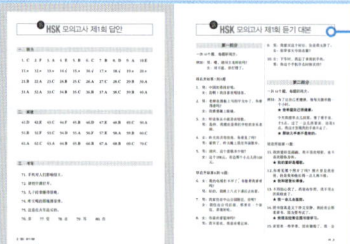

정답과 듣기 대본으로 채점하기
부록에 수록된 정답과 대조하여 자신의 점수를 확인합니다. 듣기 대본은 듣기 문제 정답을 확인할 때 참고합니다.

해석으로 복습하기
무료 다운로드한 문제 해석을 참고하여 틀린 문제를 꼼꼼히 분석하면서 완전히 자기 것으로 만듭니다.

MP3와 해석 다운받기

1 www.nexusbook.com에서 도서명으로 검색하면 MP3와 문제 해석을 다운받을 수 있습니다.

2 스마트폰으로 책 뒤표지의 **QR코드**를 찍으면 MP3를 바로 들을 수 있습니다.

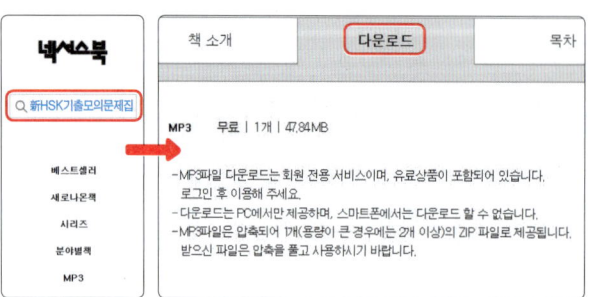

차례

여는 글	4	모의고사 6회	87
이 책의 활용법	6	모의고사 7회	101
新HSK란?	8	모의고사 8회	115
新HSK 3급 소개	10	모의고사 9회	129
		모의고사 10회	143
모의고사 1회	17	모의고사 11회	157
모의고사 2회	31	모의고사 12회	171
모의고사 3회	45	모의고사 13회	185
모의고사 4회	59	모의고사 14회	199
모의고사 5회	73	모의고사 15회	213

 부록

정답·듣기 대본	2	답안지	73

新HSK란?

시험 소개
- HSK(汉语水平考试)는 중국 정부 기구인 '중국 국가 한판'이 중국 교육부령에 의거하여 출제·채점하고 성적표를 발급한다.
- HSK는 제1언어가 중국어가 아닌 사람의 중국어 능력을 평가하기 위해 만들어진 중국 정부 유일의 국제 중국어 능력 표준화 시험으로, 생활·학습·업무 등 실생활에서의 중국어 운용 능력을 중점적으로 평가하며, 현재 세계 112개 국가, 860개 지역에서 시행되고 있다.

시험 구성
- HSK는 'HSK 1급~6급' 시험과 'HSKK 초급·중급·고급 회화' 시험으로 나뉘어 시행되며, 각각 독립적으로 실시되므로 해당 등급에 대해 개별적으로 응시할 수 있다.
- HSK는 HSK 6급, HSK 5급, HSK 4급, HSK 3급과 중국어 입문자를 위한 HSK 2급, HSK 1급으로 각각 실시된다.

HSK(필기 시험)	HSKK(구술 시험)
HSK 6급	HSKK 고급
HSK 5급	
HSK 4급	HSKK 중급
HSK 3급	
HSK 2급	HSKK 초급
HSK 1급	

시험 방법
- HSK 지필 시험(纸笔考试) : 기존에 진행해 오던 시험 방식으로, 종이 시험지와 답안지를 사용하여 진행하는 시험
- HSK IBT 시험(网络考试) : 컴퓨터를 사용하여 진행하는 온라인 시험

시험 등급별 어휘량 및 수준

등급	어휘량	수준
HSK 6급	5,000개 이상	중국어 정보를 쉽게 알아듣고 읽을 수 있으며, 중국어로 구두 또는 서면의 형식으로 유창하고 적절하게 자신의 견해를 표현할 수 있다.
HSK 5급	2,500개	중국어 신문과 잡지를 읽을 수 있고, 중국어 영화 또는 TV프로그램을 감상할 수 있다. 또한 중국어로 비교적 완전한 연설을 할 수 있다.
HSK 4급	1,200개	광범위한 분야의 화제에 대해 중국어로 토론을 할 수 있으며, 비교적 유창하게 원어민과 대화하고 교류할 수 있다.
HSK 3급	600개	중국어로 일상생활, 학습, 업무 등 각 분야의 상황에서 기본적인 회화를 진행할 수 있다. 또한 중국 여행 시 겪게 되는 대부분의 상황들을 중국어로 대응할 수 있는 수준에 해당한다.
HSK 2급	300개	중국어로 간단하게 일상생활에서 일어나는 화제에 대해 이야기할 수 있으며, 초급 중국어의 상위 수준이라 할 수 있다.
HSK 1급	150개	매우 간단한 중국어 단어와 문장을 이해하고 사용할 수 있으며, 기초적인 일상 회화를 진행할 수 있다. 또한 다음 단계의 중국어 학습 능력을 갖추고 있다고 판단할 수 있다.

시험 용도

- 중국 대학(원) 입학·졸업 시 평가 기준
- 한국 대학(원) 입학·졸업 시 평가 기준
- 중국 정부 장학생 선발 기준
- 한국 특목고 입학 시 평가 기준
- 교양 중국어 학력 평가 기준
- 각급 업체 및 기관의 채용·승진을 위한 기준

시험 성적

- 시험일로부터 1개월 후 : 중국 고시센터 홈페이지(www.hanban.org)에서 개별 성적 조회 가능
- 시험일로부터 45일 후 : 개인 성적표 발송
    - 우편 수령 신청자의 경우, 등기우편으로 발송
    - 방문 수령 신청자의 경우, HSK한국사무국에 방문하여 수령
- HSK 성적은 시험일로부터 2년간 유효

新HSK 3급 소개

응시 대상
HSK 3급은 매주 2~3시간씩 3학기(120~180시간) 정도의 중국어를 학습하고, 600개의 상용어휘와 관련 어법 지식을 마스터한 학습자를 대상으로 한다.

시험 내용
HSK 3급은 총 80문제로 듣기/독해/쓰기 세 영역으로 나뉜다.

시험 내용		문항 수		시험 시간(분)
1. 듣 기	제1부분	10	40문항	약 35분
	제2부분	10		
	제3부분	10		
	제4부분	10		
듣기 영역의 답안지 작성 시간				5분
2. 독 해	제1부분	10	30문항	30분
	제2부분	10		
	제3부분	10		
3. 쓰 기	제1부분	5	10문항	15분
	제2부분	5		
총 계	/	80문항		약 85분

*총 시험 시간은 약 90분이다.(응시자 개인 정보 작성 시간 5분 포함)

성적 결과
HSK 3급 성적표에는 듣기, 독해, 쓰기 세 영역의 점수와 총점이 기재된다.
각 영역별 만점은 100점 만점이며, 총점은 300점 만점이다. ※ 총점이 180점 이상이면 합격이다.

	만 점
듣 기	100
독 해	100
쓰 기	100
총 점	300

시험 유형

1. 听力(듣기)

第一部分

제1부분은 총 10문항이고, 모든 문제는 두 번씩 들려준다. 두 사람의 대화를 듣고, 보기의 그림 중에서 대화 내용과 일치하는 것을 고르는 문제이다.

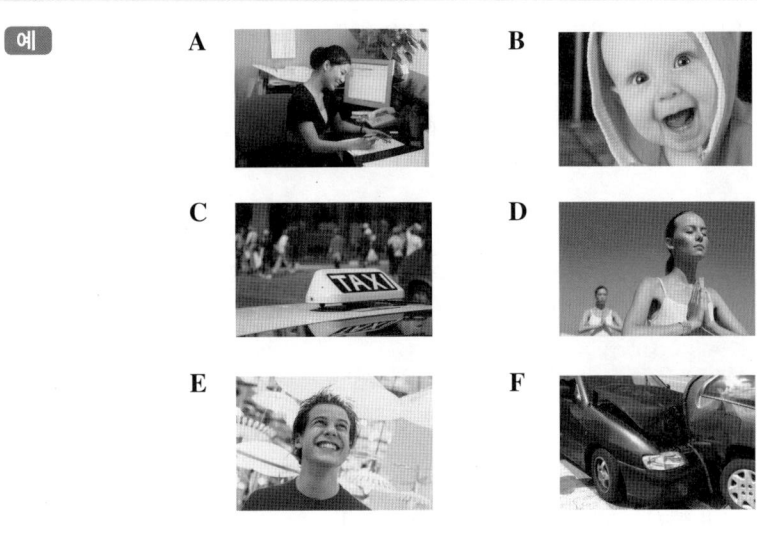

男：喂，请问张经理在吗?
女：他正在开会，您半个小时以后再打，好吗?   A

第二部分

제2부분은 총 10문항이고, 모든 문제는 두 번씩 들려준다. 먼저 한 단락의 문장을 들려주고, 다른 사람이 그 문장과 관련된 단문을 들려준다. 이 단문은 시험지에도 제시되어 있다. 제시된 단문이 첫 번째 문장과 일치하는지 판단하는 문제이다.

예 为了让自己更健康，他每天都花一个小时去锻炼身体。
    ★ 他希望自己很健康。   (✓)

今天我想早点儿回家。看了看手表，才5点。过了一会儿再看表，还是5点，我这才发现我的手表不走了。
    ★ 那块儿手表不是他的。   (✗)

第三部分

제3부분은 총 10문항이고, 모든 문제는 두 번씩 들려준다. 두 사람의 대화를 들려주고, 다른 사람이 대화와 관련된 질문을 한다. 시험지에 주어진 3개의 보기 중에서 질문의 답을 고르는 문제이다.

> **예** 男：小王，帮我开一下门，好吗？谢谢！
> 女：没问题。您去超市了？买了这么多东西。
> 问：男的想让小王做什么？
> 　　A 开门 ✓　　　　B 拿东西　　　　C 去超市买东西

第四部分

제4부분은 총 10문항이고, 모든 문제는 두 번씩 들려준다. 4~5개의 문장으로 구성된 두 사람의 대화를 들려주고, 다른 사람이 대화와 관련된 질문을 한다. 시험지에 주어진 3개의 보기 중에서 질문의 답을 고르는 문제이다.

> **예** 女：晚饭做好了，准备吃饭了。
> 男：等一会儿，比赛还有三分钟就结束了。
> 女：快点儿吧，一起吃，菜冷了就不好吃了。
> 男：你先吃，我马上就看完了。
> 问：男的在做什么？
> 　　A 洗澡　　　　B 吃饭　　　　C 看电视 ✓

2. 阅读(독해)

第一部分

제1부분은 총 10문항이고, 문제마다 하나의 문장이 주어진다. 보기 중에서 문제와 상응하는 문장을 고르는 문제이다.

> **예** A 你快定了吗? 去还是不去?
> B 你先吃个香蕉吧，我去给你做晚饭。
> C 当然。我们先坐地铁，然后换公共汽车。
> D 老师教了我很多次。
> E 我还以为你忘了呢，你真厉害！
> F 做作业遇到不会回答的问题时，你用铅笔在旁边记一下。
>
> 你知道怎么去那儿吗？　　　　　　　　　　　　　　(**C**)

第二部分

제2부분은 총 10문항이다. 문제는 1~2개의 문장으로 구성되며, 문장 가운데에 빈칸이 하나 있다. 보기 중에서 빈칸에 들어갈 알맞은 단어를 골라 완전한 문장을 만드는 문제이다.

> **예** A 就   B 对   C 声音   D 其他   E 歌曲   F 漂亮
>
> 她说话的（ **C** ）多好听啊！

第三部分

제3부분은 총 10문항이다. 하나의 단문과 하나의 질문으로 구성되며, 3개의 보기 중에서 질문의 답을 고르는 문제이다.

> **예** 您是来参加今天会议的吗？您来早了一点儿，现在才八点半。您先进来坐吧。
>
> ★ 会议最可能几点开始？
>
> A 8点　　　　　　　B 8点半　　　　　　　C 9点 ✓

3. 书写 (쓰기)

第一部分

제1부분은 총 5문항이다. 제시된 여러 개의 단어를 잘 배열하여 하나의 완전한 문장을 만드는 문제이다.

> **예** 小船　　上　　一　　河　　条　　有
>
> _河上有一条小船。_

第二部分

제2부분은 총 5문항이고, 문제마다 빈칸이 있는 하나의 문장이 주어진다. 병음을 참고하여 빈칸에 들어갈 알맞은 한자를 쓰는 문제이다.

> **예** 没（ 关^(guān) ）系，别难过，高兴点儿。

시험 진행 과정

1 시험이 시작되면, 감독관이 다음과 같이 말한다.

> 大家好! 欢迎参加HSK(三级)考试。
> 여러분, 안녕하세요! HSK (3급) 시험에 참가하신 것을 환영합니다.

2 감독관은 응시생들에게 아래 사항에 대해 주의를 준다. (이때는 응시생의 모국어나 기타 유효한 방법을 사용할 수 있다.)
(1) 휴대전화의 전원을 끈다.
(2) 수험표와 신분증을 책상 우측 상단에 놓는다.

3 그 후, 감독관은 다음과 같이 말한다.

> 现在请大家填写答题卡。
> 지금부터 답안지를 작성해 주세요.

감독관은 응시생의 수험표를 참고하여(이때는 응시생의 모국어나 기타 유효한 방법을 사용할 수 있다.) 연필로 답안지에 이름과 국적, 수험 번호, 성별, 고사장 번호, 연령, 화교 여부, 중국어 학습 기간 등을 기재할 것을 지시한다. 화교 응시생이란 부모님 양쪽 혹은 한쪽이 중국인인 응시생을 가리킨다.

4 그 후, 감독관은 시험지를 배포한다.

5 시험지 배포 후, 감독관은 응시생들에게 시험지 표지에 기재된 주의 사항을 설명해 준다. (이때는 응시생의 모국어나 기타 유효한 방법을 사용할 수 있다.)

注 意

一、HSK(三级)分三部分：
    1. 听力(40题, 约35分钟)
    2. 阅读(30题, 30分钟)
    3. 书写(10题, 15分钟)
二、听力结束后，有5分钟填写答题卡。
三、全部考试约90分钟(含考生填写个人信息时间5分钟)。

6 그 후, 감독관은 다음과 같이 말한다.

> 请打开试卷，现在开始听力考试。
> 시험지를 펴세요. 지금부터 듣기 시험을 시작하겠습니다.

감독관은 응시생들에게 시험지의 봉인을 열라고 말한다. (이때는 응시생의 모국어나 기타 유효한 방법을 사용할 수 있다.)

7 감독관은 듣기 녹음을 방송한다.

8 듣기 시험이 끝난 후, 감독관은 다음과 같이 말한다.

> 现在请把第1到40题的答案写在答题卡上，时间为5分钟。
> 지금부터 1번부터 40번까지의 답을 답안지에 기입해 주세요. 시간은 5분입니다.

감독관은 응시생들에게 답안을 답안지를 적으라고 알려 준다. (이때는 응시생의 모국어나 기타 유효한 방법을 사용할 수 있다.)

9 5분 후, 감독관은 다음과 같이 말한다.

> 现在开始阅读考试。考试时间为30分钟。
> 지금부터 독해 시험을 시작하겠습니다. 시험 시간은 30분입니다.

10 독해 시험이 5분 남았을 때, 감독관은 다음과 같이 말한다.

> 阅读考试时间还有5分钟。
> 독해 시험 시간이 5분 남았습니다.

11 독해 시험이 끝난 후, 감독관은 다음과 같이 말한다.

> 现在开始书写考试。考试时间为15分钟。请用铅笔直接把答案写在答题卡上。
> 지금부터 쓰기 시험을 시작하겠습니다. 시험 시간은 15분입니다. 답을 바로 답안지에 연필로 작성해 주세요.

감독관은 응시생들에게 답안을 바로 답안지를 적으라고 알려 준다. (이때는 응시생의 모국어나 기타 유효한 방법을 사용할 수 있다.)

12 쓰기 시험이 5분 남았을 때, 감독관은 다음과 같이 말한다.

> 书写考试时间还有5分钟。
> 쓰기 시험 시간이 5분 남았습니다.

13 쓰기 시험이 끝났을 때, 감독관은 다음과 같이 말한다.

> 现在请监考收回试卷和答题卡。
> 지금부터 시험지와 답안지를 걷어 주세요.

14 감독관은 시험지와 답안지를 점검한 후, 다음과 같이 말한다.

> 考试现在结束。谢谢大家! 再见。
> 이것으로 시험을 마치겠습니다. 여러분, 감사합니다! 안녕히 가세요.

新汉语水平考试
HSK（三级）
模拟考试 1

注　意

一、 HSK（三级）分三部分：

　　　　1. 听力（40题，约35分钟）

　　　　2. 阅读（30题，30分钟）

　　　　3. 书写（10题，15分钟）

二、 听力结束后，有5分钟填写答题卡。

三、 全部考试约90分钟（含考生填写个人信息时间5分钟）。

一、听力

第一部分

第1-5题

A．

B．

C．

D．

E．

F．

例如： 男： 喂，请问王老师在吗？
　　　 女： 对不起，你打错了。　　　　　　　　　　D

1.

2.

3.

4.

5.

第6-10题

A

B

C

D

E

6. ☐

7. ☐

8. ☐

9. ☐

10. ☐

第二部分

第11-20题

例如： 为了让自己更健康，他每天跑步跑一个小时。

★ 他希望自己很健康。　　　　　　　　　　（ ✓ ）

今天我想早点儿回家。看了看手表，才5点。过了一会儿再看表，还是5点，我这才发现我的手表不走了。

★ 那块儿手表不是他的。　　　　　　　　　（ ✗ ）

11. ★ 我的爱好是唱歌。　　　　　　　　　　　（　　）

12. ★ 我和爸爸长得像。　　　　　　　　　　　（　　）

13. ★ 我一会儿去医院。　　　　　　　　　　　（　　）

14. ★ 我现在经常在图书馆学习。　　　　　　　（　　）

15. ★ 家里没有水果了。　　　　　　　　　　　（　　）

16. ★ 经理是我的同学。　　　　　　　　　　　（　　）

17. ★ 我的爸爸妈妈喜欢中国的文化。　　　　　（　　）

18. ★ 我们要送礼物给妹妹。　　　　　　　　　（　　）

19. ★ 王红喜欢坐地铁。　　　　　　　　　　　（　　）

20. ★ 他对做饭没兴趣。　　　　　　　　　　　（　　）

第三部分

第21-30题

例如： 男： 小王，我一会儿想去看电影，你有时间吗？
　　　女： 对不起，我一会儿有朋友过来，咱们下次再去吧！
　　　问： 男的想让小王做什么？

　　　　　A 等朋友　　　　B 看电影 ✓　　　　C 吃东西

21. A 蓝色　　　　　B 绿色　　　　　C 红色

22. A 跑步　　　　　B 检查身体　　　C 买东西

23. A 姐姐　　　　　B 周明　　　　　C 周明的妈妈

24. A 学生和老师　　B 丈夫和妻子　　C 儿子和妈妈

25. A 咖啡　　　　　B 牛奶　　　　　C 果汁

26. A 8点　　　　　 B 9点　　　　　 C 10点

27. A 鲜花　　　　　B 蛋糕　　　　　C 啤酒

28. A 同事　　　　　B 姐姐　　　　　C 同学

29. A 不难　　　　　B 很简单　　　　C 很好

30. A 买的车贵　　　B 买的车便宜　　C 想买车

第四部分

第31-40题

例如： 女： 晚饭做好了，来吃饭。

男： 等一会儿，比赛快结束了。

女： 快点儿吧，菜凉了就不好吃了。

男： 你先吃吧，我一会儿就看完了。

问： 男的在做什么？

A 洗澡　　　　　　B 吃饭　　　　　　C 看电视 ✓

31. A 等飞机　　　　　B 看下雪　　　　　C 吃饭

32. A 老师　　　　　　B 司机　　　　　　C 服务员

33. A 五楼　　　　　　B 五零七　　　　　C 四楼

34. A 下雨　　　　　　B 下雨没有雨伞　　C 忘了关空调

35. A 环境好　　　　　B 天气好　　　　　C 生活不方便

36. A 去医院　　　　　B 冷水洗澡　　　　C 冬天游泳

37. A 医院　　　　　　B 宾馆　　　　　　C 商店

38. A 开车　　　　　　B 骑马　　　　　　C 打车

39. A 准备衣服　　　　B 写作业　　　　　C 照顾自己

40. A 今天过生日　　　B 送礼物　　　　　C 喜欢画画

二、阅读

第一部分

第41-45题

A 超市门口就有地铁站，很方便。

B 我现在太胖了。

C 我到电梯门口了。

D 你喜欢吃什么？我很喜欢吃苹果。

E 朋友家离我家很远，我以前经常坐火车去看我的朋友。

F 最近不能陪你去旅游了。

例如：你要去哪儿坐地铁啊？　　　　　　　　　　　（ A ）

41. 我什么水果都喜欢吃。　　　　　　　　　　　　（　）

42. 现在我会开车了，我可以开车去。　　　　　　　（　）

43. 你家在几楼？　　　　　　　　　　　　　　　　（　）

44. 工作要求有变化，所以我最近很忙。　　　　　　（　）

45. 少吃多运动，就会瘦下来。　　　　　　　　　　（　）

第46-50题

A 我突然有一件重要的事情要做，太可惜不能去了。

B 你看爷爷，他总是去锻炼，八十岁了，身体还是很好。

C 你这么努力，一定会成功的。

D 多喝水，对身体很好。

E 这是你家的狗吗? 真可爱。

46. 是啊，我每天都要喝两瓶。　　　　　　　　　(　　)

47. 是啊，它的名字叫欢欢。　　　　　　　　　　(　　)

48. 下个星期我们也开始锻炼吧！　　　　　　　　(　　)

49. 为了这个考试，我已经认真准备很久了。　　　(　　)

50. 你怎么不去看表演了?　　　　　　　　　　　(　　)

第二部分

第51-55题

A 但是　　B 办法　　C 聪明　　D 把　　E 声音　　F 比较

例如： 汉语老师的（ E ）非常好听！

51. 有什么（　　）可以提高我的汉语水平？

52. 我搬家了，现在离公司（　　）近，走路十分钟就到了。

53. 我的猫很（　　），可以自己去洗手间。

54. 今天太热了，（　　）空调打开吧！

55. 蛋糕很好吃，（　　）太甜了，我最近牙疼。

第56-60题

A 决定　B 认识　C 离开　D 爱好　E 回答　F 兴趣

例如：　A：你的（ D ）是什么？
　　　　B：我喜欢踢足球。

56. A：你了解国家图书馆的历史吗？
　　 B：我其实对这段历史没有（　　）。

57. A：老师说，明天让你（　　）这个问题。
　　 B：好的，我上网找一下。

58. A：我（　　）和我的女朋友结婚了。
　　 B：真的吗？太好了！什么时候？

59. A：你和她是怎么（　　）的？
　　 B：那天在机场，我拿错了她的护照。

60. A：王医生呢？怎么没看见他？
　　 B：他已经（　　）这里了。

第三部分

第61-70题

例如： 我下午三点才到办公室，会议已经开始半个小时了。

★ 会议最可能几点开始?

A 一点　　　　　　B 两点　　　　　　C 两点半 ✓

61. 周末我要去上海开会，请您帮我照顾一下他，他是我的儿子，已经一岁多了。

　　★ 根据这段话，可以知道我：

　　A 要去上海　　　B 需要照顾　　　C 有个女儿

62. 晚上，妈妈给我做了一条鱼，我吃了很多米饭，已经饱了，不想再吃这碗面条了。一会儿，我想吃一个香蕉。

　　★ 晚上我没吃什么?

　　A 鱼　　　　　　B 米饭　　　　　C 面条

63. 你在哪儿？现在已经八点了，你还没来。今天不是要一起去动物园吗？

　　★ 根据这段话，可以知道说话人：

　　A 在等人　　　　B 迟到了　　　　C 正在去动物园

64. 故事里的那个男孩应该是白白胖胖的，很可爱。他喜欢戴蓝色的帽子，他会说汉语，而且说得很好。

　　★ 根据这段话，我们可以知道男孩：

　　A 喜欢买帽子　　B 汉语说得很好　　C 喜欢白色

65. 为了多运动，我每天晚上睡觉前都要出去跑跑步。但是今天又冷，风又大，我还是不去了吧。

　　★ 下面哪个是对的?

　　A 我不喜欢跑步　　B 今天天气不好　　C 我要去睡觉

66. 昨天的题，老师说我回答得很好。今天老师又给我们留了一道题，我先去看电影，看完之后回家做出来。

    ★ 现在他要去做什么？

    A 做题　　　　　　B 看电影　　　　　　C 回家

67. 我刚才坐公共汽车来找爸爸，但是他十一点才下班，我就去附近的咖啡馆了。

    ★ 根据这段话，可以知道：

    A 他在等爸爸下班　　B 爸爸喜欢喝咖啡　　C 他十一点下班

68. 你的这条裙子很好看，我也有一条一样的。去年我过生日时，是我哥哥送给我的。今天你有时间吗？我想去商店再买一条差不多的。

    ★ 根据这段话，她：

    A 今天过生日　　　　B 要去买裙子　　　　C 喜欢和朋友一样的东西

69. 中国人经常说："日久见人心"，是说，交朋友要时间很久，才能知道人好不好。

    ★ "日久见人心"的意思是：

    A 认识新朋友很好　　B 对朋友要好　　　　C 时间能帮助你了解一个朋友

70. 老人常说"不下水，一辈子不会游泳。"是说你想做一件事情，你要去做，不要害怕。

    ★ 这句话是说：

    A 要学会游泳　　　　B 不要害怕下水　　　C 做事情不要害怕做不好

三、书写

第一部分

第71-75题

例如： 人　　她　　哪　　是　　国

　　　　她是哪国人？_____

71. 影响　　手机　　人们　　对　　很大

72. 请　　空调　　把　　打开

73. 睡　　很晚　　得　　儿子　　经常

74. 昨天　　很贵　　喝　　那瓶酒　　的

75. 买　　的　　是　　火车站　　在　　这

第二部分

第76-80题

例如：对（ 不^bu ）起，我迟到了。

76. 他跑得（ ^duō ）快啊！

77. 两年不见，他的（ ^biàn ）化非常大。

78. 现在女儿可以自己穿（ ^yī ）服了。

79. 我的鼻子和（ ^ěr ）朵都被冻红了。

80. 他对我的新（ ^zì ）行车不太满意。

新汉语水平考试
HSK（三级）
模拟考试 2

注　意

一、　HSK（三级）分三部分：

　　　1. 听力（40题，约35分钟）

　　　2. 阅读（30题，30分钟）

　　　3. 书写（10题，15分钟）

二、　听力结束后，有5分钟填写答题卡。

三、　全部考试约90分钟（含考生填写个人信息时间5分钟）。

一、听力

第一部分

第1-5题

A
B
C
D
E
F

例如： 男： 喂，请问王老师在吗？
　　　 女： 对不起，你打错了。　　　　　D

1.

2.

3.

4.

5.

第6-10题

 A

 B

 C

 D

 E

6. ☐

7. ☐

8. ☐

9. ☐

10. ☐

第二部分

第11-20题

例如： 为了让自己更健康，他每天跑步跑一个小时。

★ 他希望自己很健康。 (✓)

今天我想早点儿回家。看了看手表，才5点。过了一会儿再看表，还是5点，我这才发现我的手表不走了。

★ 那块儿手表不是他的。 (×)

11. ★ 今天图书馆关门。 ( )

12. ★ 这星期他已经迟到了三次。 ( )

13. ★ 病人上周末回家了。 ( )

14. ★ 宾馆在机场的南边。 ( )

15. ★ 网上有作业要求。 ( )

16. ★ 超市的羊肉不好吃。 ( )

17. ★ 我妻子喜欢骑马。 ( )

18. ★ 小王正在给老李发电子邮件。 ( )

19. ★ 每年这个时候，花都开了。 ( )

20. ★ 小文不会写汉字。 ( )

第三部分

第21-30题

例如： 男： 小王，我一会儿想去看电影，你有时间吗？
　　　 女： 对不起，我一会儿有朋友过来，咱们下次再去吧！
　　　 问： 男的想让小王做什么？

　　　　　　A 等朋友　　　　　**B** 看电影 ✓　　　　　**C** 吃东西

21. **A** 西瓜　　　　　　　**B** 苹果　　　　　　　**C** 香蕉

22. **A** 跑步　　　　　　　**B** 换鞋　　　　　　　**C** 等女的

23. **A** 小周　　　　　　　**B** 小周的妹妹　　　　**C** 小周的女朋友

24. **A** 照相机　　　　　　**B** 书包　　　　　　　**C** 书

25. **A** 大　　　　　　　　**B** 一般　　　　　　　**C** 小

26. **A** 办公室　　　　　　**B** 外面　　　　　　　**C** 公司

27. **A** 环境好　　　　　　**B** 很安静　　　　　　**C** 房子贵

28. **A** 100　　　　　　　**B** 180　　　　　　　**C** 200

29. **A** 2月18号　　　　　**B** 2月19号　　　　　**C** 2月20号

30. **A** 咖啡　　　　　　　**B** 茶　　　　　　　　**C** 水

第四部分

第31-40题

例如： 女： 晚饭做好了，来吃饭。

男： 等一会儿，比赛快结束了。

女： 快点儿吧，菜凉了就不好吃了。

男： 你先吃吧，我一会儿就看完了。

问： 男的在做什么？

A 洗澡　　　　　　B 吃饭　　　　　　C 看电视 ✓

31. A 在出租车里　　　B 在下车的地方　　C 司机拿走了

32. A 小丽的弟弟　　　B 小丽的爸爸　　　C 小丽

33. A 五分钟　　　　　B 十分钟　　　　　C 十五分钟

34. A 一米六　　　　　B 一米七　　　　　C 一米八

35. A 北站　　　　　　B 西站　　　　　　C 南站

36. A 问问题　　　　　B 回答问题　　　　C 介绍黄河

37. A 男的　　　　　　B 小李　　　　　　C 老张

38. A 看报纸　　　　　B 上班　　　　　　C 起床

39. A 一元　　　　　　B 一角　　　　　　C 一分

40. A 五　　　　　　　B 六　　　　　　　C 七

二、阅读

第一部分

第41-45题

A 超市门口就有地铁站，很方便。

B 我可以看看菜单吗?

C 检查一下你的护照，别又忘了。

D 我的牙一直疼，怎么办啊?

E 我们出去玩儿吧！

F 你晚上吃饱了吗?

例如：你要去哪儿坐地铁啊？　　　　　　　　　　（ A ）

41. 没有，我还是有点儿饿。　　　　　　　　　　（　）

42. 下午我带你去医院吧。　　　　　　　　　　　（　）

43. 我不玩儿了，我一会儿要打扫教室。　　　　　（　）

44. 当然可以了，点菜叫我。　　　　　　　　　　（　）

45. 我都检查过了。　　　　　　　　　　　　　　（　）

第46-50题

A 商店是不是还没关门呢?

B 谁教你用筷子的?

C 小朋友,你会画大熊猫吗?

D 怎么突然生病了? 吃药了吗?

E 你为什么不坐电梯啊? 爬了七层,累坏了吧?

46. 没事儿的,我就是有点儿感冒,吃过药了。　　(　　)

47. 是的,里面的灯还开着呢。　　(　　)

48. 不会,我只会画小鸟。　　(　　)

49. 还好吧,等电梯的人太多了。　　(　　)

50. 没人教我,我自己学的。　　(　　)

第二部分

第51-55题

A 决定　B 张　　C 终于　D 为　　E 声音　F 校长

例如：汉语老师的（ E ）非常好听！

51. 姐姐（　　）结婚了。

52. 这是我（　　）你准备的蛋糕。

53. 如果你们都同意，那就这样（　　）吧。

54. 还要搬几（　　）桌子？

55. （　　）要给老师们开会。

第56-60题

A 干净　B 几　　C 比　　D 爱好　　E 习惯　　F 照顾

例如：　A：你的（ D ）是什么？
　　　　B：我喜欢踢足球。

56.　A：你的小猫呢？
　　　B：爷爷说帮我（　　）它。

57.　A：我还是不（　　）早睡早起。
　　　B：早睡早起对身体好，慢慢来，过几天就好了。

58.　A：地上有（　　）个啤酒瓶子？
　　　B：二、四、六、八，有八个。

59.　A：红红做什么都（　　）我认真。
　　　B：所以，你要多向她学习。

60.　A：您看见我的花裙子了吗？
　　　B：在那儿呢，昨天洗过了，是（　　）的。

第三部分

第61-70题

例如： 我下午三点才到办公室，会议已经开始半个小时了。

★ 会议最可能几点开始？

A 一点　　　　　　B 两点　　　　　　C 两点半 ✓

61. 小明小时候怕黑，他不敢一个人在房间睡觉。他妈妈就给他讲故事，听着听着他就睡着了。

    ★ 小明不敢睡觉，妈妈会怎么做？

    A 讲故事　　　　　B 听故事　　　　　C 睡觉

62. 下面为大家表演节目的是张医生，她为我们带来的是《十五的月亮》，大家欢迎！

    ★ 根据这段话，可以知道：

    A 张医生不喜欢唱歌　B 节目是《十五的月亮》C 张医生没有表演节目

63. 数学考试已经结束了，同学们都说，虽然题很少，但很难，一点儿都不容易。

    ★ 关于考试题，可以知道：

    A 题很难　　　　　B 题很多　　　　　C 题很容易

64. 我对中国的历史感兴趣，希望有机会能到中国看看，了解那儿的文化。

    ★ 我希望：

    A 到中国看看　　　B 了解韩国文化　　C 有历史文化

65. 小红快18岁了，知道怎么照顾自己，你们就别担心了。

    ★ 根据这段话，可以知道小红：

    A 已经18岁了　　　B 可以照顾自己　　C 让人担心

66. 三年不见，没想到他变化这么大，比以前瘦了，头发也变白了，不变的是，他还是那么热情。

★ 他以前怎么样？

A 瘦　　　　　　B 头发白　　　　　　C 热情

67. 公司新来的同事小高跟我长得有点儿像，他和我一样也姓高，我们的个子也一样高。有同事笑着和我说："小高不会是你的弟弟吧？"

★ 新来的同事：

A 姓高　　　　　　B 比我高　　　　　　C 是我弟弟

68. 现在七点，飞机中午十二点起飞，我们来早了，坐下来等一会儿吧。

★ 现在离飞机起飞还有几个小时？

A 十二　　　　　　B 七　　　　　　C 五

69. 哈尔滨的冬天非常冷，但这是哈尔滨最好的季节。下雪后，这里特别漂亮，有机会最好来旅游。

★ 哈尔滨的冬天：

A 不下雪　　　　　　B 冷　　　　　　C 最不好

70. 我去年秋天来这里爬山，对这儿的路还是比较了解的。山路的左边和右边都很难走，所以我们要从中间爬上去。

★ 我们从山路的哪儿走？

A 左边　　　　　　B 中间　　　　　　C 右边

三、书写

第一部分

第71-75题

例如： 人　　她　　哪　　是　　国

　　　　她是哪国人？

71. 我　　留学　　打算　　去　　中国

72. 信用卡　　有　　钱　　里

73. 努力　　地　　经理　　工作

74. 这个　　电影　　有名　　特别

75. 丈夫　　面条　　被　　吃　　了

第二部分

第76-80题

例如：对（ 不 ）起，我迟到了。
　　　　　　bu

76. 她为什么（ 哭 ）啊？
　　　　　　　kū

77. 我哥哥很（ 聪 ）明。
　　　　　　　cōng

78. （ 空 ）调打开了吗？
　　　Kōng

79. 我相（ 信 ）你说的话。
　　　　　xìn

80. 这是个不错的办（ 法 ）。
　　　　　　　　　　fǎ

新汉语水平考试
HSK（三级）
模拟考试 3

注　意

一、　HSK（三级）分三部分：

　　　1. 听力（40题，约35分钟）

　　　2. 阅读（30题，30分钟）

　　　3. 书写（10题，15分钟）

二、　听力结束后，有5分钟填写答题卡。

三、　全部考试约90分钟（含考生填写个人信息时间5分钟）。

一、听力

第一部分

第1-5题

A

B

C

D

E

F

例如：	男： 喂，请问王老师在吗？	
	女： 对不起，你打错了。	D

1.

2.

3.

4.

5.

第6-10题

A

B

C

D

E

6. ☐

7. ☐

8. ☐

9. ☐

10. ☐

第二部分

第11-20题

例如: 为了让自己更健康,他每天跑步跑一个小时。

★ 他希望自己很健康。 (✓)

今天我想早点儿回家。看了看手表,才5点。过了一会儿再看表,还是5点,我这才发现我的手表不走了。

★ 那块儿手表不是他的。 (✗)

11. ★ 绿色的行李箱没有了。 ( )

12. ★ 张明是一位数学老师。 ( )

13. ★ 会议要改到星期四上午九点开。 ( )

14. ★ 小亮现在特别矮。 ( )

15. ★ 他想去图书馆借书。 ( )

16. ★ 他想学画画儿。 ( )

17. ★ 这条鱼不新鲜。 ( )

18. ★ 朋友们忘记了他的生日。 ( )

19. ★ 他们正在家里吃饭。 ( )

20. ★ 昨晚电视机坏了。 ( )

第三部分

第21-30题

例如： 男： 小王，我一会儿想去看电影，你有时间吗？
　　　 女： 对不起，我一会儿有朋友过来，咱们下次再去吧！
　　　 问： 男的想让小王做什么？

　　　　　　 A 等朋友　　　　　 B 看电影 ✓　　　　　 C 吃东西

21. A 同学　　　　　　 B 同事　　　　　　 C 夫妻

22. A 超市　　　　　　 B 冰箱　　　　　　 C 香蕉

23. A 问路　　　　　　 B 打电话　　　　　 C 看病

24. A 皮鞋　　　　　　 B 帽子　　　　　　 C 盘子

25. A 看电影　　　　　 B 打电话　　　　　 C 听音乐

26. A 照片　　　　　　 B 动物园　　　　　 C 北京

27. A 太累了　　　　　 B 起晚了　　　　　 C 自行车坏了

28. A 七层　　　　　　 B 九层　　　　　　 C 三层

29. A 周末出去旅游　　 B 买了新裙子　　　 C 妹妹要结婚了

30. A 想去看电影　　　 B 天气太冷了　　　 C 想去爬山

第四部分

第31-40题

例如： 女： 晚饭做好了，来吃饭。

男： 等一会儿，比赛快结束了。

女： 快点儿吧，菜凉了就不好吃了。

男： 你先吃吧，我一会儿就看完了。

问： 男的在做什么？

A 洗澡　　　　　　B 吃饭　　　　　　C 看电视 ✓

31. A 洗手间　　　　　B 桌子　　　　　　C 眼镜

32. A 头疼　　　　　　B 喝得太多了　　　C 回家很早

33. A 男的是医生　　　B 女的生病了　　　C 女的需要休息

34. A 男的的家很大　　B 女的的家不大　　C 女的的家打扫困难

35. A 姐姐和弟弟　　　B 爸爸和女儿　　　C 妈妈和儿子

36. A 不喜欢吃面包　　B 早上吃多了　　　C 饮料不好喝

37. A 很热情　　　　　B 女的不认识　　　C 变化不大

38. A 不高兴　　　　　B 学习成绩不好　　C 不想离开朋友

39. A 看骑马节目　　　B 写练习题　　　　C 玩游戏

40. A 兄妹　　　　　　B 朋友　　　　　　C 邻居

二、阅读

第一部分

第41-45题

A 超市门口就有地铁站,很方便。

B 这个宾馆真不错,连洗手间都这么干净。

C 别担心了,他又不是小孩子了。

D 是啊,春天终于要来了。

E 这个蛋糕看起来好像很好吃。

F 要不要去医院检查一下儿?

例如:你要去哪儿坐地铁啊? (A)

41. 那当然,这里这么贵,所以环境才这么好。 (　　)

42. 你看这里的小草都变成绿色的啦。 (　　)

43. 昨天晚上没有睡好,今天头很疼。 (　　)

44. 是呀,很甜的,你吃吗? (　　)

45. 天都这么黑了,儿子怎么还不回来? (　　)

第46-50题

A 是啊，我们已经有二十年没见了吧?

B 妈妈，我现在穿的这双鞋太旧了。

C 你有电子邮件没读，应该是小李发来的。

D 那当然，她就是教这个的啊。

E 这里为什么有这么多人?

46. 她英文说得真好。　　　　　　　　　　　　（　　）

47. 他终于给我回信了，我都快急死了。　　　　（　　）

48. 因为这是中国有名的"故宫"。　　　　　　　（　　）

49. 没想到会在这儿遇到你。　　　　　　　　　（　　）

50. 那周末我带你去买双新的吧。　　　　　　　（　　）

第二部分

第51-55题

A 先　　B 灯　　C 一边　　D 生气　　E 声音　　F 把

例如：汉语老师的（ E ）非常好听！

51. 出什么事了？为什么突然这么（　　）啊？

52. （　　）听音乐，一边上网，是一件很快乐的事儿。

53. 你（　　）把作业写完再去玩游戏。

54. 你家的（　　）真漂亮啊！

55. 我感冒了，你（　　）空调关了，我再进去吧。

第56-60题

A 起飞   B 被   C 参加   D 爱好   E 然后   F 健康

例如： A：你的（ D ）是什么？
　　　 B：我喜欢踢足球。

56. A：妈妈，我想（　　）这次的足球比赛。
　　 B：如果你这次考试能得第一名，我就同意你参加。

57. A：请问市体育场怎么走？
　　 B：你先坐地铁到体育场下车，（　　）再往东走100米就到了。

58. A：你坐的飞机什么时候（　　）？
　　 B：还有两个小时，不着急。

59. A：张爷爷看起来很（　　），而且还很年轻。
　　 B：是啊，不知道的还以为他只有五十多岁呢，其实他都八十了。

60. A：你的腿怎么了？
　　 B：走路的时候不小心（　　）一辆车撞到了。

第三部分

第61-70题

例如： 我下午三点才到办公室，会议已经开始半个小时了。

★ 会议最可能几点开始？

A 一点　　　　　　B 两点　　　　　　C 两点半 ✓

61. 妈妈，明天下午我要去张阿姨家，因为她家小丽下个星期要考试，她想让我帮小丽，提高点儿数学成绩。

    ★ 小丽：

    A 明天下午要出门　　B 是张阿姨的女儿　　C 数学成绩不错

62. 离车站不远了，我们别跑了。今天上午的会议我们一定会迟到，等一会儿坐上车后，你给王经理打个电话，希望他不会生气。

    ★ 我们准备去：

    A 坐车　　　　　　B 接王经理　　　　C 银行

63. 儿子，你先不要玩游戏了，帮妈妈去一楼的超市买1公斤的米，我正在做饭走不开。

    ★ 根据这段话，妈妈：

    A 想要去超市　　　B 正在玩游戏　　　C 正在做饭

64. 很多人难过的时候喜欢吃东西，其实这不是解决问题的好办法。我一般难过的时候会去跑步，跑累了回来就洗澡，然后去睡觉，起来不高兴的事也就忘了。

    ★ 我难过时：

    A 喜欢吃东西　　　B 会去跑步　　　　C 喜欢洗澡

65. 如果想要学好中文，就要先了解中国的文化，所以我打算去中国有名的城市看看，希望可以提高我的中文水平。

    ★ 根据这段话，学好中文要：

    A 多看书　　　　　B 多锻炼身体　　　C 先了解中国文化

66. 我记得我们上小学的时候,你的个子很矮,没想到这么多年没见面,你的变化这么大,我差点没认出来。

    ★ 他们是什么关系?

    A 同学　　　　　　B 同事　　　　　　C 夫妻

67. 妈妈要求我每天吃两个鸡蛋,她说这样会让我变得更聪明。可是我一点儿也不喜欢吃鸡蛋,而且我发现自己也没变聪明,考试的时候还是有很多的题不会做。

    ★ 我吃鸡蛋是因为:

    A 喜欢吃鸡蛋　　　B 想变聪明　　　　C 妈妈要求我吃

68. 我每次难过的时候就会去找小丽,然后和她一起看电影。而她难过的时候就喜欢一个人去唱歌。

    ★ 根据这段话,小丽难过的时候:

    A 喜欢看电影　　　B 会去唱歌　　　　C 会去找我

69. 小华,下次再遇到自己不认识的字不要总问别人,应该试着学会自己查词典,这样才能真的记住。

    ★ 根据这段话,小华应该:

    A 多查词典　　　　B 多问别人　　　　C 多写字

70. 同学们,请安静,黑板上的这个问题,王宁同学的回答是最好的,人家应该多向他学习。

    ★ 说话人是做什么的?

    A 经理　　　　　　B 司机　　　　　　C 老师

三、书写

第一部分

第71-75题

例如： 人　她　哪　是　国

　　　<u>她是哪国人？</u>

71. 干净　这　街道　条　真　啊

72. 比较　还是坐　那里　我们　去　船　方便

73. 真　北方的　冷　冬天　啊

74. 讲　喜欢　我们　过去的　给　爷爷　故事

75. 客人　作　我们　吧　决定　让

第二部分

第76-80题

例如：对（ 不 ）起，我迟到了。
　　　　　bu

76. 经理（ 要 ）求我们今天必须完成这个工作。
　　　　　　yāo

77. 我太渴了，想喝（ 口 ）水。
　　　　　　　　　kǒu

78. 会议结束之后，他走过来跟我聊（ 天 ）。
　　　　　　　　　　　　　　　　　tiān

79. 这些香蕉一（ 共 ）15元。
　　　　　　　gòng

80. 我最近对爬山很感（ 兴 ）趣。
　　　　　　　　　　xìng

新汉语水平考试
HSK（三级）
模拟考试 4

注　意

一、　HSK（三级）分三部分：

　　　　1. 听力（40题，约35分钟）

　　　　2. 阅读（30题，30分钟）

　　　　3. 书写（10题，15分钟）

二、　听力结束后，有5分钟填写答题卡。

三、　全部考试约90分钟（含考生填写个人信息时间5分钟）。

一、听力

第一部分

第1-5题

A

B

C

D

E

F

例如： 男： 喂，请问王老师在吗？
　　　女： 对不起，你打错了。　　　　　　　　　　D

1.

2.

3.

4.

5.

第6-10题

A

B

C

D

E

6. ☐

7. ☐

8. ☐

9. ☐

10. ☐

第二部分

第11-20题

例如： 为了让自己更健康，他每天跑步跑一个小时。

    ★ 他希望自己很健康。 (✓)

今天我想早点儿回家。看了看手表，才5点。过了一会儿再看表，还是5点，我这才发现我的手表不走了。

    ★ 那块儿手表不是他的。 (×)

11. ★ 他要去把门打开。 ( )

12. ★ 他现在不会说汉语。 ( )

13. ★ 他们在坐飞机。 ( )

14. ★ 弟弟工作了。 ( )

15. ★ 人们不喜欢过圣诞节。 ( )

16. ★ 我家院子里种了西瓜。 ( )

17. ★ 这个学期我们班有41个人。 ( )

18. ★ 他很习惯昆明的天气。 ( )

19. ★ 运动会能锻炼身体。 ( )

20. ★ 学校要求所有人都要参加考试。 ( )

第三部分

第21-30题

例如： 男： 小王，我一会儿想去看电影，你有时间吗？
　　　女： 对不起，我一会儿有朋友过来，咱们下次再去吧！
　　　问： 男的想让小王做什么？

　　　　　A 等朋友　　　　B 看电影 ✓　　　　C 吃东西

21. A 迟到　　　　　　B 快点跑　　　　　　C 骑慢点儿

22. A 医生　　　　　　B 老师　　　　　　　C 司机

23. A 医院　　　　　　B 饭馆　　　　　　　C 教室

24. A 手机　　　　　　B 书　　　　　　　　C 字典

25. A 找小李　　　　　B 去银行　　　　　　C 看电影

26. A 很远　　　　　　B 医院旁边　　　　　C 要走十分钟

27. A 女的的包里　　　B 男的的包里　　　　C 没有了

28. A 去锻炼　　　　　B 念课文　　　　　　C 考试

29. A 不知道　　　　　B 北京　　　　　　　C 韩国

30. A 回家　　　　　　B 开会　　　　　　　C 准备东西

第四部分

第31-40题

例如： 女： 晚饭做好了，来吃饭。

男： 等一会儿，比赛快结束了。

女： 快点儿吧，菜凉了就不好吃了。

男： 你先吃吧，我一会儿就看完了。

问： 男的在做什么？

      A 洗澡   B 吃饭   C 看电视 ✓

31. A 游泳馆　　　　B 公园　　　　C 学校

32. A 6:00　　　　B 5:30　　　　C 6:30

33. A 坏了　　　　B 不见了　　　　C 没电了

34. A 最新的　　　　B 黑色的　　　　C 太大了

35. A 送孩子　　　　B 去上学　　　　C 去医院

36. A 去北京西站　　　　B 在网上买票　　　　C 回家

37. A 吃饭　　　　B 锻炼　　　　C 做饭

38. A 坐车　　　　B 开车　　　　C 走路

39. A 昨天加班　　　　B 吃药了　　　　C 感冒了

40. A 妈妈和儿子　　　　B 姐姐和弟弟　　　　C 老师和学生

二、阅读

第一部分

第41-45题

A 超市门口就有地铁站，很方便。

B 放学后你去打篮球还是踢足球？

C 我的帽子找不到了。

D 大家把教室打扫干净再回家。

E 黄河是中国的母亲河。

F 我给她打电话了，告诉她我今天不回去了。

例如：你要去哪儿坐地铁啊？　　　　　　　　　　　　（ A ）

41. 老师说，它有5460多公里长。　　　　　　　　　　（ 　 ）

42. 天黑了，再不回家，你妈妈要担心了。　　　　　　（ 　 ）

43. 一会儿考试结束了，先不要走。　　　　　　　　　（ 　 ）

44. 今天不玩了，我想回家写作业。　　　　　　　　　（ 　 ）

45. 可能让你放在办公室了。　　　　　　　　　　　　（ 　 ）

第46-50题

A 你平时怎么上学?

B 是吗? 刚才还好好的，怎么突然就生病了?

C 昨晚比赛你看了吗?

D 是羊，对吗?

E 你喜欢北京的冬天吗?

46. 什么动物是白色的，喜欢吃草?　　　　　　（　　）

47. 看了一点儿，没看完我就睡觉了。　　　　　（　　）

48. 听说小红发烧了。　　　　　　　　　　　　（　　）

49. 不喜欢，我喜欢夏天。　　　　　　　　　　（　　）

50. 我一般会坐公共汽车，有时也会打车。　　　（　　）

第二部分

第51-55题

A 相信　B 解决　C 遇到　D 检查　E 声音　F 把

例如：汉语老师的（ E ）非常好听！

51. 答完题要好好（　　），不要把字写错了。

52. 她昨天（　　）了一位老朋友。

53. 先（　　）饭吃了吧，过一会儿就不好吃了。

54. 这个问题很容易（　　），你就放心吧。

55. 我不（　　）他说的话。

第56-60题

A 一会儿　B 才　　C 重要　D 爱好　　E 像　　F 打算

例如：　A：你的（ D ）是什么？
　　　　B：我喜欢踢足球。

56. A：老师刚才说什么了？
　　 B：没有什么（　　）的事，都是关于运动会的。

57. A：这是你爸爸？你们长得可真（　　）。
　　 B：大家都这么说。

58. A：你的作业做完了吗？
　　 B：做完了，（　　）就交给你。

59. A：喂，你在哪儿？中午可以一起吃饭吗？
　　 B：我在公司呢，晚上七点（　　）下班。

60. A：我（　　）周末去东北玩儿。
　　 B：我也想去，听说那里下雪了。

第三部分

第61-70题

例如： 我下午三点才到办公室，会议已经开始半个小时了。

★ 会议最可能几点开始？

A 一点　　　　　　B 两点　　　　　　C 两点半 ✓

61. 我的十八岁生日礼物是一本书。那本书是爷爷买给爸爸的，后来爸爸把它送给了我。

★ 我的十八岁生日礼物是：

A 新书　　　　　　B 爸爸买的　　　　C 旧书

62. 我的姐姐比我大一岁，所以我小的时候几乎没买过新衣服，都是穿姐姐穿过的。

★ 根据这段话，可以知道她：

A 不喜欢姐姐　　　B 喜欢买衣服　　　C 经常穿旧衣服

63. 昨天晚上睡觉太晚了，今天上班差点儿就迟到了。

★ 根据这段话可以知道，他：

A 昨天睡得很早　　B 迟到了　　　　　C 今天起床晚了

64. 儿子最近工作特别累，虽然他每天都吃很多，但还是瘦了不少。

★ 根据这段话，儿子：

A 工作很累　　　　B 很胖　　　　　　C 不爱吃饭

65. 这是我们这儿最好的房间了，有电视、电脑、WIFI，三百元一天。

★ 他们最可能在：

A 学校　　　　　　B 宾馆　　　　　　C 商店

66. 中国有一句话,叫"今天工作不努力,明天努力找工作。"

   ★ 这句话的主要意思是:

   A 要努力工作　　　　B 时间过得太快　　　　C 明天会更好

67. 为了这次比赛,我们准备了半年多。没有得第一名也没关系,我们常说,努力最重要。

   ★ 关于这次比赛,可以知道:

   A 得了第一名　　　　B 很难过　　　　　　　C 准备了很久

68. 王刚,现在外面阴天,一会儿可能会下雨,你早点出门,上学别迟到了,记得把雨伞带着。

   ★ 根据这段话,可以知道:

   A 今天是晴天　　　　B 今天一定会下雨　　　C 王刚要去上学

69. 这种车子有上下两层,很多人都愿意坐上边那层,因为坐得高,看得远。坐在上层可以看得更清楚。

   ★ 关于这种车,可以知道:

   A 司机很热情　　　　B 一共有两层　　　　　C 下层不可以坐人

70. 中国人有很多节日,除了春节,还有一个重要的节日就是中秋节。在这一天,全家人要一起吃饭、看月亮。

   ★ 根据这段话,中秋节这天要:

   A 送礼物　　　　　　B 打扫房间　　　　　　C 和家人吃饭

三、书写

第一部分

第71-75题

例如： 人　她　哪　是　国

　　　她是哪国人？

71. 北京　　很　　对　　了解　　我

72. 弟弟　　比　　大　　两岁　　哥哥

73. 门　　的时候　　关上　　把　　出去　　请

74. 我的　　在　　医院　　爸爸　　工作

75. 几　　教室里　　人　　有　　个

第二部分

第76-80题

例如：对（ 不 ）起，我迟到了。
　　　　　bu

76. 没有什么比健康（　　）重要了。
　　　　　　　　　　gèng

77. 周末我哪儿都没去，就在家里打扫房（　　）。
　　　　　　　　　　　　　　　　　　　jiān

78. 家门口的（　　）园我去过几次，人很多。
　　　　　　gōng

79. 他什么都好，就是个子（　　）高了。
　　　　　　　　　　　　tài

80. 你的衣服真（　　）亮！
　　　　　　　piào

新汉语水平考试
HSK（三级）
模拟考试 5

注 意

一、 HSK（三级）分三部分：

    1. 听力（40题，约35分钟）

    2. 阅读（30题，30分钟）

    3. 书写（10题，15分钟）

二、 听力结束后，有5分钟填写答题卡。

三、 全部考试约90分钟（含考生填写个人信息时间5分钟）。

一、听力

第一部分

第1-5题

A

B

C

D

E

F

例如： 男： 喂，请问王老师在吗?
　　　 女： 对不起，你打错了。　　　　　　　　　　　　　D

1.

2.

3.

4.

5.

第6-10题

A

B

C

D

E

6. ☐

7. ☐

8. ☐

9. ☐

10. ☐

第二部分

第11-20题

例如： 为了让自己更健康，他每天跑步跑一个小时。

★ 他希望自己很健康。 (✓)

今天我想早点儿回家。看了看手表，才5点。过了一会儿再看表，还是5点，我这才发现我的手表不走了。

★ 那块儿手表不是他的。 (✗)

11. ★ 现在没有人写信。 (　　)

12. ★ 在我的家乡，冬天不常下雪。 (　　)

13. ★ 我喜欢吃肉。 (　　)

14. ★ 女儿喜欢有人跟她一起玩儿。 (　　)

15. ★ 有的父母觉得孩子应该早点儿结婚。 (　　)

16. ★ 我现在还想睡觉。 (　　)

17. ★ 女孩子长大以后会有十八次变化。 (　　)

18. ★ 这个人的工作是给别人照相。 (　　)

19. ★ 我喝酒是为了忘记不高兴的事。 (　　)

20. ★ 已经开完会了。 (　　)

第三部分

第21-30题

例如： 男： 小王，我一会儿想去看电影，你有时间吗？
　　　女： 对不起，我一会儿有朋友过来，咱们下次再去吧！
　　　问： 男的想让小王做什么？

　　　　　　A 等朋友　　　　　B 看电影 ✓　　　　C 吃东西

21. A 钱包丢了　　　　B 不想用自己的钱　　　C 钱包里没有钱

22. A 不知道　　　　　B 去了　　　　　　　　C 没有

23. A 请他帮忙　　　　B 女人有问题　　　　　C 男人要求的

24. A 太冷了　　　　　B 药没用　　　　　　　C 没吃药

25. A 不想说话　　　　B 相信他　　　　　　　C 不相信他

26. A 今天的新闻有意思　B 今天的新闻没意思　　C 有的新闻有意思

27. A 做别的事　　　　B 写字慢　　　　　　　C 作业多

28. A 他不知道　　　　B 他不喜欢　　　　　　C 没时间

29. A 同学　　　　　　B 同事　　　　　　　　C 男女朋友

30. A 同意　　　　　　B 不同意　　　　　　　C 不想说话

第四部分

第31-40题

例如： 女： 晚饭做好了，来吃饭。

男： 等一会儿，比赛快结束了。

女： 快点儿吧，菜凉了就不好吃了。

男： 你先吃吧，我一会儿就看完了。

问： 男的在做什么？

     A 洗澡   **B** 吃饭   **C** 看电视 ✓

31. **A** 不能   **B** 能   **C** 还不知道

32. **A** 里面的人很有名   **B** 电影时间很长   **C** 里面的事儿是真的

33. **A** 还可以   **B** 很高   **C** 不高

34. **A** 12:30   **B** 12:20   **C** 12:10

35. **A** 教室   **B** 家里   **C** 公交车上

36. **A** 韩国人   **B** 德国人   **C** 中国人

37. **A** 我的朋友   **B** 妈妈的朋友   **C** 爸爸的朋友

38. **A** 不喜欢   **B** 颜色不对   **C** 大小不对

39. **A** 很生气   **B** 很难过   **C** 很高兴

40. **A** 公园   **B** 学校   **C** 女人的家

二、阅读

第一部分

第41-45题

A 超市门口就有地铁站,很方便。

B 他今天怎么了?好像有点儿不高兴。

C 学习了这么长时间,可是我的汉语水平一直没有变化。

D 这两件衣服我都很喜欢,你觉得买哪件更好?

E 你别去了,那儿离这儿太远了,东西也不太好。

F 你怎么又迟到了?每次见面,你都迟到。

例如:你要去哪儿坐地铁啊? (A)

41. 如果你努力学习,你的汉语就会越来越好。 (　　)

42. 真不好意思,我的手表坏了,我看错了时间。 (　　)

43. 但是我想去那儿,给我妈妈买礼物。 (　　)

44. 他最好的朋友离开了中国,以后不一定能回来了。 (　　)

45. 两件都不太好,我们再看看别的吧。 (　　)

第46-50题

A 现在外面是阴天，你带着雨伞吧。

B 她结婚的时候你去了吗？

C 昨天我给他打电话，他没接。

D 你发烧了，应该在家休息。

E 你看见我的手机了吗？刚才还在这儿，现在为什么没有了？

46. 今天我又打了一次，还是没有人接。　　　　（　　）

47. 不是在你的手里吗？　　　　　　　　　　　（　　）

48. 当然去了，除了我，还有我们班的同学。　　（　　）

49. 没关系，不可能马上下雨，十分钟以后我就回来了。（　　）

50. 我帮你跟老师请假。　　　　　　　　　　　（　　）

第二部分

第51-55题

A 满意　　B 选择　　C 变化　　D 打算　　E 声音　　F 最后

例如： 汉语老师的（ E ）非常好听！

51. 汉语课结束以后，我（　　）回国，但是还没想好找什么工作。

52. 每次下课，他都是（　　）走，把教室里的灯关了。

53. 你们女孩子为什么（　　）一件最喜欢的衣服这么难？

54. 只有我的客人都觉得（　　）了，我才会高兴。

55. 虽然二十年过去了，但是这里一点儿（　　）也没有。

第56-60题

A 成绩   B 同意   C 打扫   D 爱好   E 安静   F 瘦

例如： A：你的（ D ）是什么？
       B：我喜欢踢足球。

56. A：大家为什么这么（   ）？
    B：刚才老师生气了，我们都不敢说话了。

57. A：老师，我能问一下我的考试（   ）吗？
    B：现在还没有，你明天再来吧。

58. A：你现在太（   ）了！
    B：我上个月生病了，很长时间没有吃饭。

59. A：妈妈，我想跟她一起去那儿。
    B：不行，我不（   ）。你们两个女孩子去那么远的地方，我不放心。

60. A：你的房间是不是很长时间没有（   ）了？
    B：不太长，一个星期吧。

第三部分

第61-70题

例如： 我下午三点才到办公室，会议已经开始半个小时了。

★ 会议最可能几点开始？

A 一点　　　　　　　B 两点　　　　　　　C 两点半 ✓

61. 中国人常说"有借有还，再借不难"，意思是，借别人的东西以后，一定要还给别人，这样以后跟别人借东西也比较容易。

★ 借东西以后应该怎么做？

A 还给别人　　　　　B 给他打电话　　　　C 不跟他说话

62. 我们国家一年四季都不冷，冬天时也不会下雪，春天时最漂亮，有很多花，如果想来我们国家旅游，四月的时候来吧。

★ 关于他们国家，可以知道什么？

A 冬天很漂亮　　　　B 春天有很多花，很漂亮　　C 冬天会下雪

63. 考试结束以后，大家不要离开，我们把教室打扫一下。

★ 这是什么时候说的话？

A 比赛　　　　　　　B 吃饭　　　　　　　C 考试

64. 最近经常工作到很晚，中国朋友告诉我这是"开夜车"，第一次听到的时候我以为是"晚上开车"，但是他告诉我是晚上不睡觉的意思。

★ 什么时候可以说"开夜车"？

A 白天工作　　　　　B 晚上开车　　　　　C 晚上学习到十二点

65. 他的爱好特别多，有时间的话就去做自己喜欢的事，有时候去跑步，有时候爬山，有时候跟朋友一起打篮球，有时候自己去游泳。

★ 他喜欢做什么？

A 运动　　　　　　　B 读书　　　　　　　C 玩游戏

66. 有人说吃香蕉对身体好,他就吃了很多香蕉;有人说吃苹果对身体好,他就每天吃苹果;现在,如果别人说有东西对身体好,他就一直吃那个东西。

    ★ 他为什么吃这些东西?

    A 他喜欢吃这些东西　　B 别人说这些对身体好　　C 医生让他吃

67. 我们商场为了让大家满意,你们在这儿买完衣服以后,如果有问题,太大或太小都可以来换。

    ★ 这家商场为什么可以换衣服?

    A 商场很有钱　　　　B 商场的东西不好　　　　C 为了让大家满意

68. 人们都说看地图很简单,只要记住"上北下南,左西右东",还有知道自己在哪儿,就什么地方都能找到。

    ★ 看地图怎么样?

    A 很难　　　　　　　B 很容易　　　　　　　　C 不容易

69. 我们是十多年的老同学了,2015年离开学校以后就没有见过面。这次见面,我都不认识她了,她现在跟高中时不一样了,她说我也跟以前不一样了。

    ★ 我们是什么时候认识的?

    A 初中　　　　　　　B 大学　　　　　　　　　C 高中

70. 在中国点菜时,我有自己的好办法。刚来中国时我看不懂菜单,每次去饭店时,我都是看菜的照片,或者看旁边的人正在吃什么,然后告诉服务员给我一样的。

    ★ 哪个不是我的好办法?

    A 看菜的照片　　　　B 问别人　　　　　　　　C 看别人吃什么菜

三、书写

第一部分

第71-75题

例如： 人　　她　　哪　　是　　国

　　　她是哪国人？

71. 已经　　蛋糕　　被　　吃完了　　他弟弟

72. 在　　外面　　呢　　下雨

73. 地　　老师　　问题　　回答了　　高兴

74. 的　　从　　是　　他　　韩国　　来

75. 要求　　七点半　　我们　　经理　　到公司　　以前

第二部分

第76-80题

例如：对（ 不 ）起，我迟到了。
bu

76. 妈妈今天不在家，所（　　）我和爸爸去奶奶家吃饭。
yǐ

77. 我昨天去图书馆借了五（　　）书，都很有意思。
běn

78. 你放（　　）吧，我一定会参加会议。
xīn

79. 我（　　）去过中国北京，别的地方都没去过。
zhǐ

80. 我们真的不知道应该怎么做，你有什么好（　　）法吗？
bàn

新汉语水平考试
HSK（三级）
模拟考试 6

注　意

一、　HSK（三级）分三部分：

　　　1. 听力（40题，约35分钟）

　　　2. 阅读（30题，30分钟）

　　　3. 书写（10题，15分钟）

二、　听力结束后，有5分钟填写答题卡。

三、　全部考试约90分钟（含考生填写个人信息时间5分钟）。

一、听力

第一部分

第1-5题

A.
B.
C.
D.
E.
F.

例如： 男： 喂，请问王老师在吗？
　　　　女： 对不起，你打错了。　　　　D

1.

2.

3.

4.

5.

第6-10题

A

B

C

D

E

6. ☐

7. ☐

8. ☐

9. ☐

10. ☐

第二部分

第11-20题

例如： 为了让自己更健康，他每天跑步跑一个小时。

★ 他希望自己很健康。 　　　　　　　　　　　　　（ ✓ ）

今天我想早点儿回家。看了看手表，才5点。过了一会儿再看表，还是5点，我这才发现我的手表不走了。

★ 那块儿手表不是他的。 　　　　　　　　　　　　（ ✗ ）

11. ★ 哥哥准备搬家。 （ 　 ）

12. ★ 她经常去饭馆吃饭。 （ 　 ）

13. ★ 他喜欢看电影。 （ 　 ）

14. ★ 他现在在图书馆工作。 （ 　 ）

15. ★ 她穿着绿色的裙子。 （ 　 ）

16. ★ 咖啡在桌子上。 （ 　 ）

17. ★ 他认为那个电影院不错。 （ 　 ）

18. ★ 他们要去学校。 （ 　 ）

19. ★ 这个电脑现在卖五千多。 （ 　 ）

20. ★ 中国东北冬天很冷。 （ 　 ）

第三部分

第21-30题

例如： 男： 小王，我一会儿想去看电影，你有时间吗？
　　　 女： 对不起，我一会儿有朋友过来，咱们下次再去吧！
　　　 问： 男的想让小王做什么？

　　　　　　 A 等朋友　　　　　**B** 看电影 ✓　　　　　**C** 吃东西

21. **A** 宾馆　　　　　　　**B** 教室　　　　　　　**C** 办公室

22. **A** 刷牙了　　　　　　**B** 生病了　　　　　　**C** 不喜欢

23. **A** 小猫　　　　　　　**B** 小狗　　　　　　　**C** 熊猫

24. **A** 叔叔是她邻居　　　**B** 要搬家　　　　　　**C** 有男朋友

25. **A** 脚不舒服　　　　　**B** 不喜欢　　　　　　**C** 爱睡觉

26. **A** 很喜欢　　　　　　**B** 觉得一般　　　　　**C** 不满意

27. **A** 不在公司　　　　　**B** 去机场了　　　　　**C** 不同意去

28. **A** 买衣服　　　　　　**B** 买照相机　　　　　**C** 看电视

29. **A** 后天有考试　　　　**B** 不喜欢考试　　　　**C** 喜欢学习

30. **A** 超市　　　　　　　**B** 医院　　　　　　　**C** 学校

第四部分

第31-40题

例如： 女： 晚饭做好了，来吃饭。

男： 等一会儿，比赛快结束了。

女： 快点儿吧，菜凉了就不好吃了。

男： 你先吃吧，我一会儿就看完了。

问： 男的在做什么？

　　　A 洗澡　　　　　　B 吃饭　　　　　　C 看电视 ✓

31. A 很难　　　　　　B 很有意思　　　　C 很容易

32. A 八块　　　　　　B 三块　　　　　　C 四块

33. A 买东西　　　　　B 带东西　　　　　C 吃饭

34. A 八点一刻　　　　B 九点一刻　　　　C 六点一刻

35. A 杯子　　　　　　B 碗　　　　　　　C 筷子

36. A 她不喜欢游泳　　B 要照顾女儿　　　C 忘记了

37. A 楼层高一点儿的　B 楼层低一点儿的　C 安静的楼层

38. A 买票人多　　　　B 没有票了　　　　C 电影院没开

39. A 图书馆　　　　　B 咖啡馆　　　　　C 饭馆

40. A 饿了　　　　　　B 不喜欢吃饭　　　C 不舒服

二、阅读

第一部分

第41-45题

A 超市门口就有地铁站,很方便。

B 你出去玩儿的时候记得带伞。

C 妈,我的护照在你的包里吗?

D 对不起,这个菜我还是不太清楚应该怎么做。

E 虽然现在不冷,但明天下雪,小心感冒。

F 小华,你到141教室看一下。

例如:你要去哪儿坐地铁啊? (A)

41. 没事,我经常锻炼,不会生病的。 ( )

42. 我还以为你听明白了呢,那我再给你讲一次。 ( )

43. 不下雨了吧?天已经晴了。 ( )

44. 没有啊,你是不是把它放在车里了? ( )

45. 有个学生的眼镜忘在那儿了。 ( )

第46-50题

A 前面的是你弟弟吗？真瘦啊！

B 真奇怪，找不到钱包了，你看见了吗？

C 妈妈，中国就在我们的东边，离我们很近。

D 天气这么热，当然是西瓜啊！

E 我们坐下午两点的火车，晚上八点到上海。

46. 好的，我晚上开车去接你们。　　　　　　（　　）

47. 我记得把它放在椅子上了。　　　　　　　（　　）

48. 在地图上看，是这样。　　　　　　　　　（　　）

49. 夏天吃什么水果比较好？　　　　　　　　（　　）

50. 是，他身高一米八，但只有50公斤。　　　（　　）

第二部分

第51-55题

A 阿姨　　B 碗　　C 特别　　D 花　　E 声音　　F 附近

例如：汉语老师的（ E ）非常好听！

51. 我们公司（　　）有家饭馆，还不错，你可以去那儿吃饭。

52. 昨天买牛奶，一共（　　）了108块。

53. 他也（　　）喜欢看这个电视节目。

54. 厨房里的筷子和（　　）等着爸爸去洗呢。

55. 陈叔叔和王（　　）结婚已经15年了。

第56-60题

    A 辆 B 一定 C 渴 D 爱好 E 复习 F 明白

例如： A：你的（ D ）是什么？
    B：我喜欢踢足球。

56. A：对不起，我的普通话说得不好。
  B：没关系，我能（　　）你的意思。

57. A：把牛奶喝了，去睡觉吧。
  B：我想再看会儿数学书，（　　）一下。

58. A：要吃面包吗？
  B：我不饿，谢谢你。但是我有点儿口（　　），有水吗？

59. A：如果你的中文成绩提高了，我就送你一个手机。
  B：真的吗？那我（　　）努力。

60. A：后天一共有10个人去机场。
  B：那我们需要三（　　）车。

第三部分

第61-70题

例如： 我下午三点才到办公室，会议已经开始半个小时了。

★ 会议最可能几点开始？

A 一点　　　　　　　B 两点　　　　　　　C 两点半 ✓

61. 我特别希望爸爸能少些工作，多些休息，可以经常和我还有妈妈在一起，不用周末的时候还要去公司。

    ★ 她爸爸最可能是：

    A 医生　　　　　　　B 校长　　　　　　　C 经理

62. 10年前他就在中国工作，每天都很累。现在他想去一个新的国家，换个工作。

    ★ 他打算：

    A 换个新工作　　　　B 回家休息　　　　　C 开公司

63. 妹妹从小就像男孩子，喜欢踢足球，上网玩游戏。现在，慢慢地开始像个女孩子了，而且学习很努力，成绩很好。

    ★ 妹妹：

    A 现在喜欢踢足球　　B 学习认真　　　　　C 喜欢男孩

64. 上个星期苹果五块一斤，因为最近下雪，这个星期已经卖七块五了，比上星期贵了两块五。

    ★ 根据这段话，可以知道：

    A 苹果便宜了　　　　B 天气不好　　　　　C 买水果的人少

65. 前天我参加了一个面试。那家中国公司很有名，我特别希望自己能去那家公司上班。

    ★ 根据这段话，可以知道他：

    A 面试成绩不好　　　B 喜欢那家公司　　　C 很难过

66. 人们生病了就要吃药，但是不能饭后马上就吃，吃药的时间应该是饭后半个小时。

　　★ 根据这段话，我们应该：

　　　A 少吃饭　　　　　B 不吃药　　　　　C 饭后半个小时吃药

67. 姐姐最近吃了很多水果，很少吃饭。她觉得这样可以使她看上去更瘦一些，但是我没看出来和以前有什么不一样。

　　★ 姐姐为什么很少吃饭？

　　　A 觉得自己胖　　　B 喜欢吃水果　　　C 为了学习

68. 今天是大晴天，不刮风，也不下雨了，我们去超市吧，买些鸡蛋和牛奶。

　　★ 根据这段话，说话人想做什么？

　　　A 去公园玩儿　　　B 看电影　　　　　C 买东西

69. 周末如果有时间，我一般会和邻居们去唱唱歌或者看看电影，有时候也会在家里打扫打扫房间。

　　★ 关于他，我们可以知道什么？

　　　A 会打篮球　　　　B 周末经常看电影　C 在家睡觉

70. 春节是中国人最重要的一个节日，春节那天人们习惯晚上和家人一起吃饭，看电视。

　　★ 春节那天：

　　　A 要看月亮　　　　B 要和家人吃饭　　C 要买东西

三、书写

第一部分

第71-75题

例如： 人　　她　　哪　　是　　国

　　　　她是哪国人？

71. 做好　　能　　他　　我　　相信

72. 决定　　去　　汉语　　中国　　学习　　他

73. 我　　开车　　学　　想

74. 比　　更　　会　　明天　　冷　　今天

75. 放在　　桌子上　　书　　了　　他　　把

第二部分

第76-80题

例如：对（ 不^bu ）起，我迟到了。

76. 老师，这是我们送您的礼物，祝您生（ ^rì ）快乐。

77. 你儿子越长越（ ^xiàng ）你了。

78. 妈妈把房间打扫得很（ ^gān ）净。

79. 我希望我的学生每（ ^tiān ）都快快乐乐。

80. 我没见过这种狗，你知道（ ^tā ）是什么狗吗？

新汉语水平考试
HSK（三级）
模拟考试 7

注　意

一、　HSK（三级）分三部分：

　　　1. 听力（40题，约35分钟）

　　　2. 阅读（30题，30分钟）

　　　3. 书写（10题，15分钟）

二、　听力结束后，有5分钟填写答题卡。

三、　全部考试约90分钟（含考生填写个人信息时间5分钟）。

一、听力
第一部分

第1-5题

A	B
C	D
E	F

例如： 男： 喂，请问王老师在吗？
女： 对不起，你打错了。　　　　　　　　D

1.　　　　　　　　　　　　　　　　　　□

2.　　　　　　　　　　　　　　　　　　□

3.　　　　　　　　　　　　　　　　　　□

4.　　　　　　　　　　　　　　　　　　□

5.　　　　　　　　　　　　　　　　　　□

第6-10题

A

B

C

D

E

6.

7.

8.

9.

10.

第二部分

第11-20题

例如： 为了让自己更健康，他每天跑步跑一个小时。

★ 他希望自己很健康。 （ ✓ ）

今天我想早点儿回家。看了看手表，才5点。过了一会儿再看表，还是5点，我这才发现我的手表不走了。

★ 那块儿手表不是他的。 （ ✗ ）

11. ★ 我很喜欢我的邻居。 （ ）

12. ★ 弟弟家附近有树。 （ ）

13. ★ 这个问题很难解决。 （ ）

14. ★ 哥哥觉得这个电影一般。 （ ）

15. ★ 阿姨的女儿很漂亮。 （ ）

16. ★ 他感冒了。 （ ）

17. ★ 小王最近要结婚。 （ ）

18. ★ 他喜欢唱歌。 （ ）

19. ★ 爷爷每天八点半去公园。 （ ）

20. ★ 他在饭店门口看到一张信用卡。 （ ）

第三部分

第21-30题

例如： 男： 小王，我一会儿想去看电影，你有时间吗？
　　　 女： 对不起，我一会儿有朋友过来，咱们下次再去吧！
　　　 问： 男的想让小王做什么？

　　　　　　 A 等朋友　　　　B 看电影 ✓　　　　C 吃东西

21. A 冰箱坏了　　　　B 她生病了　　　　C 家里来客人了

22. A 旅游　　　　　　B 游泳　　　　　　C 买东西

23. A 去医院检查　　　B 吃药　　　　　　C 休息

24. A 要买三条裙子　　B 先别买　　　　　C 有点儿贵

25. A 儿子的生日　　　B 丈夫的生日　　　C 自己的生日

26. A 不远　　　　　　B 很近　　　　　　C 很远

27. A 十点　　　　　　B 九点四十　　　　C 九点

28. A 医院东边　　　　B 公园北边　　　　C 附近没有

29. A 在洗澡　　　　　B 在吃饭　　　　　C 在写作业

30. A 口渴　　　　　　B 很饱　　　　　　C 吃些苹果

第四部分

第31-40题

例如： 女： 晚饭做好了，来吃饭。

男： 等一会儿，比赛快结束了。

女： 快点儿吧，菜凉了就不好吃了。

男： 你先吃吧，我一会儿就看完了。

问： 男的在做什么？

  A 洗澡   B 吃饭   C 看电视 ✓

31. A 买机票   B 买火车票   C 买空调

32. A 腿疼   B 手好些了   C 不认识男的

33. A 要去动物园   B 天气热了   C 要买衣服

34. A 女的   B 司机   C 不知道

35. A 爱看书   B 爱唱歌   C 有个姐姐

36. A 咖啡   B 蛋糕   C 面包

37. A 要买衣服   B 要旅游   C 要上班

38. A 公园   B 公司   C 动物园

39. A 长胖了   B 哭了   C 脚疼

40. A 喜欢瘦   B 身体健康   C 不喜欢吃饭

二、阅读

第一部分

第41-45题

A 超市门口就有地铁站,很方便。

B 昨天晚上的电视节目你看了吗?

C 现在有些比赛特别有意思。

D 姐,你们班同学谁汉语学得最好?

E 这个国家有很多节日,人特别热情,环境很美,水果也很好吃。

F 我也觉得红色的比黑色的好看。

例如:你要去哪儿坐地铁啊? (A)

41. 是啊!我前天还看到个动物跑步的比赛。 (　)

42. 当然是我了,去年考试我就是第一。 (　)

43. 这条红裙子穿着很舒服,看着很漂亮,也很便宜,就买这个了。 (　)

44. 看了,虽然只看了十分钟,但是节目很好看。 (　)

45. 有时间我一定去这个国家玩儿。 (　)

第46-50题

A 在附近的超市，今天的水果特别便宜。

B 你好，很高兴认识你。

C 需要我跟老师说一声吗？

D 厨房里还有面包和牛奶。

E 不是，他刚才喝了点儿啤酒。

46. 他的脸怎么这么红？感冒了？　　　　　　　　　（　　）

47. 爸爸你终于回来了！从哪儿买回来这么多的水果？（　　）

48. 我介绍一下，这是王老师，我们学校新来的数学老师。（　　）

49. 奶奶生病了，我今天不去上学了。　　　　　　　（　　）

50. 弟弟饿了，有什么吃的东西吗？　　　　　　　　（　　）

第二部分

第51-55题

　　　　A 饱　　B 再　　C 就　　D 愿意　　E 声音　　F 关于

例如：汉语老师的（ E ）非常好听！

51. 你吃（　　）了吗？要不要再来碗面条？

52. 今天上午有汉语考试，我五点半（　　）起床了。

53. 小张觉得数学太难了，不（　　）学习数学。

54. （　　）这个国家的历史，我知道得很少。

55. 我没听清，您（　　）说一遍，可以吗？

第56-60题

A 还是　　B 干净　　C 不是　　D 爱好　　E 虽然　　F 如果

例如：　A：你的（ D ）是什么？
　　　　B：我喜欢踢足球。

56. A：我很饿，可以吃早饭了吗？
　　 B：可以，你是喝牛奶（　　）喝咖啡？

57. A：你哥哥最近忙吗？
　　 B：他每天都很忙，（　　）工作，就是学习。

58. A：小万觉得汉语怎么样？
　　 B：他觉得（　　）汉语很难，但是很有意思。

59. A：我明天想去跑步。
　　 B：我也想去，（　　）明天不下雨，我们就去跑步。

60. A：我忘记洗衣服了！
　　 B：没关系，我已经把衣服洗（　　）了。

第三部分

第61-70题

例如： 我下午三点才到办公室，会议已经开始半个小时了。

★ 会议最可能几点开始？

A 一点　　　　　　B 两点　　　　　　C 两点半 ✓

61. 妹妹的朋友很喜欢汉语，每天回家都会学一会儿，她的汉语水平很高，普通话说得特别好。

★ 关于她，可以知道什么？

A 现在读四年级　　B 汉语非常好　　C 她是中国人

62. 来到一个新的国家，你会觉得有点儿害怕，但经过一段时间，你就会慢慢习惯了，每个人都是这样的。

★ 来到一个新的国家，人们会：

A 觉得新鲜　　　　B 觉得害怕　　　　C 觉得很慢

63. 姐姐今年已经30岁了，爸爸妈妈都很着急，爷爷奶奶还为她介绍男朋友。但是姐姐一点儿都不着急，她认为应该先工作，然后再找男朋友。

★ 根据这段话，可以知道姐姐：

A 没有男朋友　　　B 不喜欢工作　　　C 对朋友很热情

64. 那家饭馆儿菜很好，而且就在地铁站附近，坐地铁很方便。怎么样？今天就去那儿吃吧？

★ 那家饭馆儿：

A 菜好吃　　　　　B 环境好　　　　　C 东西贵

65. 一些新司机刚开始开车的时候，都担心开得太快。但时间长了，多练习，就可以开了。

★ 有些新司机会担心什么？

A 开得太快　　　　B 灯坏了　　　　　C 太累

66. 你好，我今天早上才发现，昨天从你们图书馆拿回去的书不是我的，还有历史书和报纸也都不是我的，你帮我看一下，是谁拿错了。

   ★ 根据这段话，可以知道，我：

   A 非常生气　　　　B 要买书　　　　　　C 拿错了书

67. 因为我想经常照顾爸爸妈妈，所以我不想去离家太远的地方工作。虽然现在工作很难找，但是我相信如果我一直认真努力就会找个好工作。

   ★ 根据这段话，可以知道，我希望：

   A 工作离家很远　　B 工作离家近　　　　C 不工作

68. 沈阳是我最喜欢的城市，因为，我不但在这里长大，而且在这里学习，最后做了医生。

   ★ 根据这段话，可以知道：

   A 我不喜欢沈阳　　B 我是学生　　　　　C 我是医生

69. 我的儿子很喜欢看书。每个周末，他都会和邻居去咖啡馆附近的图书馆看书，一看就是四个小时。

   ★ 关于她的儿子，可以知道什么？

   A 爱运动　　　　　B 经常看书　　　　　C 不喜欢学习

70. 人们都喜欢春天去北京旅游，因为天气不那么冷，也不那么热，草和树都绿了，花也开了，非常漂亮。

   ★ 根据这段话，北京的春天：

   A 阴天多　　　　　B 不冷也不热　　　　C 比秋天短

三、书写

第一部分

第71-75题

例如： 人　　她　　哪　　是　　国

　　　　她是哪国人？

71. 银行　　学校　　是　　东边

72. 有　　十块钱　　我　　只

73. 已经　　了　　节目　　结束

74. 了　　书　　买走　　被　　那本

75. 把　　他　　做完　　作业　　了

第二部分

第76-80题

例如：对（ 不 ）起，我迟到了。
          bu

76. 饿了吗？（ bīng ）箱里有水果。

77. 你们班有多（ shao ）个同学？

78. 你好，请（ wèn ）地铁站在哪儿？

79. 我现在要去公司，太好了，这儿有一（ liàng ）出租车。

80. 这个面包特别甜，我（ hěn ）喜欢吃。

新汉语水平考试
HSK（三级）
模拟考试 8

注 意

一、 HSK（三级）分三部分：

    1. 听力（40题，约35分钟）

    2. 阅读（30题，30分钟）

    3. 书写（10题，15分钟）

二、 听力结束后，有5分钟填写答题卡。

三、 全部考试约90分钟（含考生填写个人信息时间5分钟）。

一、听力
第一部分

第1-5题

A	B
C	D
E	F

例如： 男： 喂，请问王老师在吗？
　　　 女： 对不起，你打错了。　　　　　　　　　　D

1.　　　　　　　　　　　　　　　　　　　　　☐

2.　　　　　　　　　　　　　　　　　　　　　☐

3.　　　　　　　　　　　　　　　　　　　　　☐

4.　　　　　　　　　　　　　　　　　　　　　☐

5.　　　　　　　　　　　　　　　　　　　　　☐

第6-10题

A

B

C

D

E

6. ☐

7. ☐

8. ☐

9. ☐

10. ☐

第二部分

第11-20题

例如： 为了让自己更健康，他每天跑步跑一个小时。

　　　　★ 他希望自己很健康。　　　　　　　　　(✓)

　　　　今天我想早点儿回家。看了看手表，才5点。过了一会儿再看表，还是5点，我这才发现我的手表不走了。

　　　　★ 那块儿手表不是他的。　　　　　　　　(×)

11. ★ 他在中国工作。　　　　　　　　　　　　(　)

12. ★ 爷爷喜欢买蛋糕。　　　　　　　　　　　(　)

13. ★ 他觉得这本书很一般。　　　　　　　　　(　)

14. ★ 我现在不喝啤酒。　　　　　　　　　　　(　)

15. ★ 哥哥不喜欢跑步。　　　　　　　　　　　(　)

16. ★ 我每天都穿皮鞋。　　　　　　　　　　　(　)

17. ★ 他最不喜欢北京。　　　　　　　　　　　(　)

18. ★ 他打算明天去叔叔家。　　　　　　　　　(　)

19. ★ 他快回国了。　　　　　　　　　　　　　(　)

20. ★ 人们已经离不开车了。　　　　　　　　　(　)

第三部分

第21-30题

例如： 男： 小王，我一会儿想去看电影，你有时间吗？
　　　 女： 对不起，我一会儿有朋友过来，咱们下次再去吧！
　　　 问： 男的想让小王做什么？

　　　　　　A 等朋友　　　　　B 看电影 ✓　　　　　C 吃东西

21. A 很生气　　　　　B 会跳舞　　　　　C 没听懂问题

22. A 在电脑里　　　　B 在手机里　　　　C 他不知道

23. A 很好　　　　　　B 不好　　　　　　C 不知道

24. A 蓝色的碗　　　　B 蓝色的筷子　　　C 杯子

25. A 姐姐　　　　　　B 爷爷　　　　　　C 哥哥

26. A 很好　　　　　　B 很不好　　　　　C 晴天

27. A 好多了　　　　　B 不舒服　　　　　C 发烧

28. A 饭馆儿　　　　　B 医院　　　　　　C 宾馆

29. A 牛奶　　　　　　B 鱼　　　　　　　C 菜

30. A 周末骑自行车　　B 在家做饭　　　　C 去银行

第四部分

第31-40题

例如： 女： 晚饭做好了，来吃饭。

男： 等一会儿，比赛快结束了。

女： 快点儿吧，菜凉了就不好吃了。

男： 你先吃吧，我一会儿就看完了。

问： 男的在做什么？

A 洗澡　　　　　　B 吃饭　　　　　　C 看电视 ✓

31. A 学校　　　　　　B 河　　　　　　　C 动物

32. A 身体不舒服　　　B 不喜欢中国　　　C 要离开中国了

33. A 蓝色的　　　　　B 红色的　　　　　C 不知道

34. A 蛋糕　　　　　　B 面条　　　　　　C 苹果

35. A 要吃药　　　　　B 不喜欢　　　　　C 不知道

36. A 明天要考试　　　B 不喜欢运动　　　C 不舒服

37. A 不舒服　　　　　B 不高兴　　　　　C 不知道

38. A 不喜欢汉语　　　B 汉语很好　　　　C 汉语不好

39. A 喜欢蛋糕　　　　B 去锻炼了　　　　C 去吃饭了

40. A 二百八　　　　　B 四十二　　　　　C 七十

二、阅读

第一部分

第41-45题

A 超市门口就有地铁站，很方便。

B 没什么，我想买衣服但是不知道去哪儿买。

C 我和朋友在外面吃饭呢，所以回来晚了。

D 它生病了，下午带它去医院吧。

E 后天吧，我们去咖啡店见面吧。

F 上个星期五。我知道你很忙，就没告诉你。

例如：你要去哪儿坐地铁啊？　　　　　　　　　　　　（ A ）

41. 你哪天比较方便，我们可以见个面聊聊天儿？　　　（　）

42. 你是什么时候搬家的？我怎么不知道？　　　　　　（　）

43. 我的狗都两天没吃饭了。　　　　　　　　　　　　（　）

44. 你怎么有点儿不高兴？　　　　　　　　　　　　　（　）

45. 节目就要开始了，你怎么才回来？　　　　　　　　（　）

第46-50题

A 因为我明天下午有数学考试。

B 其实很容易学，每天用就能学会。

C 没人教我，是我自己学的。

D 谁说的，我胖了八斤，以前的裤子都不能穿了。

E 没关系，我现在打篮球，很热。

46. 已经晚上十一点了，你怎么还在学习？ （　　）

47. 很多留学生不会用筷子，说很难学。 （　　）

48. 你的普通话说得真好，是谁教你的？ （　　）

49. 快十年了，你几乎没什么变化。 （　　）

50. 天气这么冷，你怎么穿得这么少？ （　　）

第二部分

第51-55题

A 字典　　B 机场　　C 因为　　D 重要　　E 声音　　F 一直

例如：　汉语老师的（ E ）非常好听！

51. （　　）他很喜欢数学，所以他每天都去图书馆学习数学。

52. 昨天地铁上的人很多，我（　　）站着。

53. 我明天上午坐八点的飞机，七点就要去（　　）。

54. 我不认识这个字，我们一起查一下（　　）吧。

55. 这个考试非常（　　），你一定不要迟到了。

第56-60题

A 希望　　B 漂亮　　C 体育　　D 爱好　　E 休息　　F 时候

例如：　A：你的（ D ）是什么？
　　　　B：我喜欢踢足球。

56. A：你女儿长得越来越（　　）了。
　　 B：谢谢，她比我年轻时更好看。

57. A：对不起，儿子，明天我有工作，不能和你去踢足球了。
　　 B：没关系，我（　　）下个星期您能有时间和我一起去踢球。

58. A：你对（　　）感兴趣吗？
　　 B：不感兴趣，我比较喜欢音乐。

59. A：你明天什么（　　）去看电影？
　　 B：下午五点去。

60. A：你已经工作了十四个小时了，你需要（　　）。
　　 B：没做完这个工作，我不能休息。

第三部分

第61-70题

例如： 我下午三点才到办公室，会议已经开始半个小时了。

★ 会议最可能几点开始？

A 一点　　　　　　B 两点　　　　　　C 两点半 ✓

61. 哥哥对外面的世界很有兴趣，他希望有机会去中国看一看，了解中国的文化和历史。

★ 哥哥希望：

A 有很多吃的　　　B 去中国看看　　　C 学习汉语

62. 王老师，您到宾馆以后，先休息一下。中午我们去饭馆儿吃饭，下午3点以前我可以带您去附近的商店看看。5点，陈老师和您见面，他请您吃饭。

★ 王老师5点做什么？

A 去商店看看　　　B 和陈老师吃饭　　C 回宾馆

63. 昨天的汉语水平考试已经结束了，我听说，虽然题很多，但是不难，很简单。

★ 这次考试：

A 题很多　　　　　B 很难　　　　　　C 时间不长

64. 下了火车，坐出租车的时候，我把行李箱放在了车里。我着急回家，下车时忘记拿了，里面的护照很重要。但是我相信我可以找到我的行李箱。

★ 他的行李箱最可能在哪里？

A 宾馆　　　　　　B 家里　　　　　　C 出租车上

65. 弟弟已经18岁了，不是小孩子了。我告诉他要学会自己去解决问题，不能有什么事都要让别人去帮忙，因为有些事情必须要自己一个人去做。

★ 根据这段话，弟弟应该：

A 相信朋友　　　　B 自己想办法　　　C 忘记过去

66. 以前我家附近的公园里有很多旧房子，但是现在都不见了，出现了很多漂亮的房子，还有很多好看的树、花。去年这里又有了一个特别大的花园，我每个周末都会过来。

   ★ 这个公园以前：

   A 很有名　　　　　　B 有不少老房子　　　　C 很安静

67. 这个手机是去年爷爷送给我的生日礼物，虽然用了一次就坏了，但是一直放在桌子上。每次我想他时都会看看这个手机。

   ★ 这个手机：

   A 是坏的　　　　　　B 是今年买的　　　　　C 是我给爷爷买的

68. 刚才和我说话的是我以前的同学，也姓王。今天在咖啡馆遇到他，才知道他也在这个公司上班。

   ★ 他的同学：

   A 在咖啡馆工作　　　B 姓黄　　　　　　　　C 在同一个公司工作

69. 我和男朋友有一个共同的爱好，那就是旅游。我们每年都要去其他国家旅游，已经去过世界上30多个国家了。

   ★ 根据这段话，可以知道她：

   A 漂亮极了　　　　　B 经常旅游　　　　　　C 是学校老师

70. 我对现在的工作比较满意，虽然每天都特别忙，但是觉得很高兴。而且公司附近还有个大公园，中午休息的时候我经常去公园坐着休息。

   ★ 她觉得工作怎么样？

   A 还不错　　　　　　B 不喜欢　　　　　　　C 不知道

三、书写
第一部分

第71-75题

例如： 人　　她　　哪　　是　　国

　　　　她是哪国人？_____

71. 应该　　做　　这么　　我　　认为

72. 还在　　妹妹　　现在　　写作业

73. 吃饭　　看着　　电视　　他

74. 葡萄　　被　　吃了　　小万　　我的

75. 西边　　是　　学校　　一个　　图书馆　　很大的

第二部分

第76-80题

例如：对（ 不 ）起，我迟到了。
　　　　　bu

76. 对不起，请再说一次，我（　　）才没听清。
　　　　　　　　　　　　　　　gāng

77. 我昨天感冒了，朋友们都很关（　　）我。
　　　　　　　　　　　　　　　xīn

78. 医院后（　　）有一个很漂亮的花园。
　　　　　miàn

79. 今天我不太舒服，我不去（　　）学了。
　　　　　　　　　　　　　shàng

80. 我回家（　　）完衣服就睡觉了。
　　　　　xǐ

新汉语水平考试
HSK（三级）
模拟考试 9

注 意

一、 HSK（三级）分三部分：

　　　1. 听力（40题，约35分钟）

　　　2. 阅读（30题，30分钟）

　　　3. 书写（10题，15分钟）

二、 听力结束后，有5分钟填写答题卡。

三、 全部考试约90分钟（含考生填写个人信息时间5分钟）。

一、听力

第一部分

第1-5题

A
B
C
D
E
F

例如： 男： 喂，请问王老师在吗？
女： 对不起，你打错了。　　　　　　　　D

1.

2.

3.

4.

5.

第6-10题

A

B

C

D

E

6. ☐

7. ☐

8. ☐

9. ☐

10. ☐

第二部分

第11-20题

例如： 为了让自己更健康，他每天跑步跑一个小时。

　　　　★ 他希望自己很健康。　　　　　　　　　　（ ✓ ）

　　　　今天我想早点儿回家。看了看手表，才5点。过了一会儿再看表，还是5点，我这才发现我的手表不走了。

　　　　★ 那块儿手表不是他的。　　　　　　　　　（ × ）

11. ★ 吃自己喜欢吃的东西不幸福。　　　　　　　　（　　）

12. ★ 他现在喜欢吃水果。　　　　　　　　　　　　（　　）

13. ★ 手机很便宜。　　　　　　　　　　　　　　　（　　）

14. ★ 北京的秋天很热。　　　　　　　　　　　　　（　　）

15. ★ 医院在公园的北面。　　　　　　　　　　　　（　　）

16. ★ 他8点一刻去上班。　　　　　　　　　　　　 （　　）

17. ★ 他现在在咖啡店。　　　　　　　　　　　　　（　　）

18. ★ 他要坐火车去上海。　　　　　　　　　　　　（　　）

19. ★ 奶奶经常和邻居们一起唱歌。　　　　　　　　（　　）

20. ★ 在机场打出租车很贵。　　　　　　　　　　　（　　）

第三部分

第21-30题

例如： 男： 小王，我一会儿想去看电影，你有时间吗？
　　　女： 对不起，我一会儿有朋友过来，咱们下次再去吧！
　　　问： 男的想让小王做什么？

　　　　　　A 等朋友　　　　　**B** 看电影 ✓　　　　　**C** 吃东西

21. **A** 医院　　　　　　**B** 图书馆　　　　　　**C** 机场

22. **A** 很远　　　　　　**B** 新开的　　　　　　**C** 很小

23. **A** 离公司很近　　　**B** 离公司很远　　　　**C** 坐车要1个小时

24. **A** 足球　　　　　　**B** 篮球　　　　　　　**C** 跑步

25. **A** 冰箱　　　　　　**B** 手机　　　　　　　**C** 空调

26. **A** 学校东边　　　　**B** 学校西边　　　　　**C** 学校南边

27. **A** 爬山　　　　　　**B** 跑步　　　　　　　**C** 公园

28. **A** 在包里　　　　　**B** 在桌子上　　　　　**C** 找不到了

29. **A** 北方　　　　　　**B** 南方　　　　　　　**C** 北京

30. **A** 节目很好　　　　**B** 准备得很好　　　　**C** 和男的一起表演

第四部分

第31-40题

例如： 女： 晚饭做好了，来吃饭。

男： 等一会儿，比赛快结束了。

女： 快点儿吧，菜凉了就不好吃了。

男： 你先吃吧，我一会儿就看完了。

问： 男的在做什么？

A 洗澡　　　　　　B 吃饭　　　　　　C 看电视 ✓

31. A 妈妈和儿子　　　B 老师和学生　　　C 校长和老师

32. A 今天　　　　　　B 明天　　　　　　C 不去了

33. A 发烧了　　　　　B 有工作　　　　　C 回去休息

34. A 看电影　　　　　B 踢足球　　　　　C 去公司开会

35. A 今天是教师节　　B 天气很好　　　　C 有表演

36. A 火车站　　　　　B 公共汽车站　　　C 机场

37. A 女的的　　　　　B 小李的　　　　　C 邻居的

38. A 妈妈买的　　　　B 妈妈做的　　　　C 爸爸买的

39. A 下雨了　　　　　B 刮风了　　　　　C 不冷

40. A 工作很忙　　　　B 生病了　　　　　C 没有吃饭

二、阅读

第一部分

第41-45题

A 超市门口就有地铁站,很方便。

B 小姐,请问你点什么?我们这里有西瓜汁、苹果汁,还有啤酒。

C 不能再便宜了。

D 大家在复习呢,明天有考试。

E 不是,那是我阿姨的女儿,她叫笑笑,今年7岁了。

F 这是哪个国家的地图?

例如:你要去哪儿坐地铁啊? (A)

41. 这是中国地图。 (　　)

42. 今天教室里很安静,大家都在做什么呢? (　　)

43. 这件衬衫太贵了,能便宜一点吗? (　　)

44. 这个女孩真可爱,她是你妹妹吧? (　　)

45. 你们这里有茶吗?我想喝红茶。 (　　)

第46-50题

A 我来检查身体，没有生病。

B 这个城市的变化真大啊！

C 他今天怎么没来跳舞？

D 这个蓝色的杯子是我的，你可以用那个黄色的。

E 我哥哥不会同意的。

46. 他今天在家做作业。 （   ）

47. 上一次来的时候还没有这些楼呢。 （   ）

48. 我能借一下你哥哥的自行车吗？ （   ）

49. 王叔叔，您哪儿不舒服吗？怎么来医院了？ （   ）

50. 我渴了，想喝点水。 （   ）

第二部分

第51-55题

A 经过　B 被　　C 终于　D 参加　E 声音　F 数学

例如： 汉语老师的（ E ）非常好听！

51. 我的历史书（　　）他拿走了。

52. 今年的运动会会有很多人来（　　）。

53. 你这次的（　　）成绩有了很大的提高。

54. 没有（　　）别人的同意，不可以拿别人的东西。

55. 坐了3个多小时的车，（　　）到了。

第56-60题

A 着急 B 总是 C 练习 D 爱好 E 和 F 还是

例如： A：你的（ D ）是什么？
　　　B：我喜欢踢足球。

56. A：他去旅游了吗？
　　 B：是啊，（　　）他女朋友一起去的。

57. A：我的钱包忘在出租车上了，里边有我的银行卡呢。
　　 B：你别（　　），先给司机打个电话。

58. A：这是谁的裤子？是你的，（　　）他的？
　　 B：是他的，我的洗了。

59. A：学游泳不是一天两天的事儿，你回去要多（　　）。
　　 B：知道了，那我先回家了。

60. A：这几天（　　）下雨，我的衣服都没有干。
　　 B：你把它们送出去洗吧。

第三部分

第61-70题

例如：　我下午三点才到办公室，会议已经开始半个小时了。

★ 会议最可能几点开始？

A 一点　　　　　　　B 两点　　　　　　　C 两点半 ✓

61. 春季的时间是从三月到五月。春天是绿色的，小草是绿色的，树也是绿色的。

★ 春季的时间是：

A 一月、二月、三月　　B 三月、四月、五月　　C 五月、六月、七月

62. 人们常说：帮助别人，快乐自己。

★ 这句话的意思是：

A 帮助别人，别人很快乐。　　　　　B 为了自己快乐，帮助别人
C 帮助别人，自己和别人都很快乐

63. 天气越来越冷了，每年的冬天都会下很大的雪，下雪的时候孩子们最开心了，在雪地里跑着，笑着，一点都不觉得冷。

★ 下雪的时候，孩子们：

A 很高兴　　　　　　B 很冷　　　　　　　C 在房子里

64. 你们就放心地去工作吧，我会照顾好你们的儿子的，再说，你们就去一个星期，没有问题的。

★ 文中"你们"，去做什么？

A 去旅行　　　　　　B 照顾孩子　　　　　C 去工作

65. 虽然不能回家了，但还是要祝你们新年快乐，年年平安。

★ 根据这段话，我们知道：

A 他准备回家　　　　B 他能回家　　　　　C 春节到了

66. 大家都说我和我弟弟长得很像,但是我的眼睛像我爸爸,弟弟的眼睛像我妈妈,我和弟弟的鼻子都像爸爸。

　　★ 关于他,哪个是对的?

　　　　A 鼻子像妈妈　　　B 眼睛像妈妈　　　C 弟弟的鼻子像爸爸

67. 我和我丈夫是去年夏天在火车上认识的,我回家,他去旅行,他坐在我的对面,我们聊了很多,今年秋天我们结婚了。

　　★ 她和她丈夫怎么认识的?

　　　　A 一起回家　　　　B 一起旅行　　　　C 在火车上

68. 如果你回来的路上经过饭馆的话,买一份羊肉,我今天没有时间做菜,对了,再买一些水果,家里没有水果了。

　　★ 根据文章,哪个是不对的?

　　　　A 要买羊肉　　　　B 家里没有水果　　　C 菜已做好了

69. 我的朋友很了解这里的历史,有什么不懂的地方,你们可以去找他问问。

　　★ 他的朋友对什么很了解?

　　　　A 历史　　　　　　B 数学　　　　　　　C 地图

70. 妈妈,周末我不想去上英语课了,我这几天很累!

　　★ 她怎么了?

　　　　A 生病了　　　　　B 去上课了　　　　　C 很累

三、书写

第一部分

第71-75题

例如： 人　　她　　哪　　是　　国

　　　　她是哪国人？

71. 世界　　桌子　　上　　有　　地图　　一张

72. 弟弟　　姐姐　　长得　　比　　高

73. 越来越多　　学生　　我们学校的　　了

74. 王经理　　小王　　一台　　送给　　电脑

75. 叔叔　　羽毛球　　打　　爱

第二部分

第76-80题

例如：对（ 不 ）起，我迟到了。
　　　　　bu

76. 今天的太（　　）真大，热坏了。
　　　　　　yáng

77. 天上的（　　）已经黑了，快要下雨了。
　　　　　yún

78. 鸡蛋1（　　）一个。
　　　　yuán

79. 学汉语除了要了解中国文化，还要会写汉（　　）。
　　　　　　　　　　　　　　　　　　　　zì

80. 这次考试考了多少（　　）？
　　　　　　　　　　fēn

新汉语水平考试
HSK（三级）
模拟考试 10

注　意

一、 HSK（三级）分三部分：

　　　1. 听力（40题，约35分钟）

　　　2. 阅读（30题，30分钟）

　　　3. 书写（10题，15分钟）

二、 听力结束后，有5分钟填写答题卡。

三、 全部考试约90分钟（含考生填写个人信息时间5分钟）。

一、听力

第一部分

第1-5题

A		B	
C		D	
E		F	

例如： 男： 喂，请问王老师在吗？
　　　女： 对不起，你打错了。　　　　　　　　　　D

1.

2.

3.

4.

5.

第6-10题

A
B
C
D
E

6. ☐
7. ☐
8. ☐
9. ☐
10. ☐

第二部分

第11-20题

例如： 为了让自己更健康，他每天跑步跑一个小时。

　　　　★ 他希望自己很健康。　　　　　　　　（ ✓ ）

　　　　今天我想早点儿回家。看了看手表，才5点。过了一会儿再看表，还是5点，我这才发现我的手表不走了。

　　　　★ 那块儿手表不是他的。　　　　　　　（ ✗ ）

11. ★ 大部分学生都会查字典。　　　　　　　（　　）

12. ★ 他经常在周末的时候来我们学校。　　　（　　）

13. ★ 今年的生日还在饭店过。　　　　　　　（　　）

14. ★ 他要坐飞机离开了。　　　　　　　　　（　　）

15. ★ 这里的东西很辣。　　　　　　　　　　（　　）

16. ★ 外面的饭太难吃了。　　　　　　　　　（　　）

17. ★ 从车站到机场只能坐地铁。　　　　　　（　　）

18. ★ 他很努力地练习普通话。　　　　　　　（　　）

19. ★ 他们结婚七年了。　　　　　　　　　　（　　）

20. ★ 他不喜欢打篮球。　　　　　　　　　　（　　）

第三部分

第21-30题

例如： 男： 小王，我一会儿想去看电影，你有时间吗？
女： 对不起，我一会儿有朋友过来，咱们下次再去吧！
问： 男的想让小王做什么？

        A 等朋友　　　　**B** 看电影 ✓　　　　**C** 吃东西

21. **A** 要买裙子　　　　**B** 上网买东西　　　　**C** 去商店

22. **A** 晕车了　　　　**B** 生气了　　　　**C** 去看他儿子了

23. **A** 宾馆　　　　**B** 饭店　　　　**C** 医院

24. **A** 男的　　　　**B** 男的的妹妹　　　　**C** 自己

25. **A** 妈妈和儿子　　　　**B** 爸爸和女儿　　　　**C** 老师和学生

26. **A** 春天　　　　**B** 夏天　　　　**C** 秋天

27. **A** 打扫房间　　　　**B** 开门　　　　**C** 睡觉

28. **A** 看书　　　　**B** 上课　　　　**C** 喝咖啡

29. **A** 上班　　　　**B** 不上班　　　　**C** 起床

30. **A** 开车　　　　**B** 坐地铁　　　　**C** 骑自行车

第四部分

第31-40题

例如： 女： 晚饭做好了，来吃饭。

男： 等一会儿，比赛快结束了。

女： 快点儿吧，菜凉了就不好吃了。

男： 你先吃吧，我一会儿就看完了。

问： 男的在做什么？

    A 洗澡   B 吃饭   C 看电视 ✓

31. A 国外 B 家里 C 老地方

32. A 这条街上 B 商场旁边 C 没有银行

33. A 女的 B 男的 C 女的的姐姐

34. A 买东西 B 开会 C 找工作

35. A 和男的一起吃饭 B 去饭店 C 面包

36. A 女的不忙 B 办公室在三楼 C 门上没有名字

37. A 超市 B 饭店 C 家里

38. A 今天 B 明天 C 不确定

39. A 4点50分 B 4点15分 C 5点10分

40. A 同事 B 朋友 C 老同学

二、阅读

第一部分

第41-45题

A 超市门口就有地铁站，很方便。

B 冬天的时候，爷爷为小树穿上了衣服。

C 可是你一点都没变，还是那么漂亮。

D 踢球的时候受伤了。

E 快点去洗手，准备吃饭了。

F 我去帮你倒杯水吧。

例如：你要去哪儿坐地铁啊？　　　　　　　　　　　　　（ A ）

41. 你的脚怎么了？　　　　　　　　　　　　　　　　　（   ）

42. 我不吃了，刚刚在公司吃过了。　　　　　　　　　　（   ）

43. 谢谢你一直这么照顾我。　　　　　　　　　　　　　（   ）

44. 时间过得可真快啊，我们都多少年没见了。　　　　　（   ）

45. 小树就不冷了。　　　　　　　　　　　　　　　　　（   ）

第46-50题

A 经过几年的努力，我们城市的环境越来越好了。

B 春天到了，春风吹红了公园里的花。

C 我要去买一件新的衬衫，你能陪我去吗？

D 考试成绩出来了，我的成绩提高了很多。

E 比赛的规则有了很大的变化。

46. 大家都走出家门，到公园里散步。　　　　　（　　）

47. 这件衬衫已经变黄了。　　　　　　　　　　（　　）

48. 街道也越来越干净了。　　　　　　　　　　（　　）

49. 真替你高兴。　　　　　　　　　　　　　　（　　）

50. 最新的规则我已经发送到各位的电子邮箱了，请大家自己阅读。
　　　　　　　　　　　　　　　　　　　　　　（　　）

第二部分

第51-55题

A 非常 B 比较 C 刚才 D 方便 E 声音 F 借

例如： 汉语老师的（ E ）非常好听！

51. 我的数学书怎么不见了，可是（   ）我还看见了呢。

52. 你电脑能（   ）我吗？我的电脑又坏了。

53. 这次节目表演得（   ）好，希望大家继续努力。

54. 我从家里去学校挺（   ）的，坐公共汽车15分钟就到了。

55. 买沙发应该多（   ），才能知道哪个更好。

第56-60题

    A 换 B 意思 C 几乎 D 爱好 E 认真 F 然后

例如： A：你的（ D ）是什么？
    B：我喜欢踢足球。

56. A：这件衣服还有别的颜色吗？我想（   ）一件。
  B：还有蓝色，你等一下。

57. A：他的汉语说得真好。
  B：他上课的时候很（   ）。

58. A：这几天（   ）天天下雨。
  B：夏天的雨很多，到了秋天就少了。

59. A：时间差不多了，我们出发吧。
  B：你先把灯关了，（   ）就出发。

60. A：我不太懂这句话的（   ）。
  B：我也不太懂，明天去问老师吧。

第三部分

第61-70题

例如： 我下午三点才到办公室，会议已经开始半个小时了。

★ 会议最可能几点开始？

A 一点　　　　　　B 两点　　　　　　C 两点半 ✓

61. 现在还记得，我的第一份工资是700块一个月，非常开心。到后来，一个月赚2万的时候，反而剩不下什么钱，也没有以前快乐。

★ 他现在快乐吗？

A 一点儿也不快乐　　B 非常快乐　　C 没有以前快乐

62. 我出生于青岛一个普通家庭，父亲是铁路工人，母亲是教师，我在家是老三，有一个哥哥和一个姐姐。

★ 他家里有几口人？

A 三口　　　　　　B 四口　　　　　　C 五口

63. 业余时间，我每分钟都被音乐占着，不是听歌，就是边弹吉他边唱歌。每每这时，父亲就搬个椅子坐在我面前静静地听。

★ 他喜欢什么？

A 画画　　　　　　B 跳舞　　　　　　C 音乐

64. 你回来了，快去洗洗手，马上就要吃饭了。

★ 他们在：

A 公司　　　　　　B 家里　　　　　　C 饭店

65. 花坛右边有一个小木桌，上面一碗一筷一碟一酒壶，就没有别的东西了。左边是张小木床，没有任何东西保护它。

★ 小床在小木桌的哪边？

A 左边　　　　　　B 右边　　　　　　C 前边

66. 那时我明白了，爬山和人生一样，你总要学会一个人去走。这段路上，可能会有人陪你走过一段路，但路的最终总是会和过来时一样：孤单一人。

★ 根据文章我们知道什么？

A 有人会陪你走到最后　　B 没有人陪　　C 人生就像是爬山

67. 妈妈叫小明去买包子，妈妈嘱咐他包子一块钱四个，别弄错了。然后妈妈给了他一块钱，卖包子的看小孩子挺可爱，就多给了他一个。

★ 小明最后一块钱买了几个包子？

A 4个　　B 5个　　C 1个

68. 一场一场的雨下过后，冬天就来了。这对母女是我在今年冬天在咖啡店遇到的。星期天的下午，窗外下着雨，她们面对面坐在桌前，看着书，喝着咖啡。

★ 关于这对母女，知道什么？

A 在咖啡店看书　　B 在冬天相遇　　C 喜欢喝咖啡

69. 我喜欢的事情远不只是写点东西，我还做很多事，我理解的生活就是和自己喜欢的一切在一起。

★ 他理解的生活是什么？

A 写东西　　B 做很多事　　C 和喜欢的一切在一起

70. 本以为我们之间并没有太大的差距，结果不比不知道，一比吓一跳。

★ "不比不知道，一比吓一跳"是什么意思？

A 比过之后发现差距很大　　B 比了也不知道
C 比没有不比好

三、书写

第一部分

第71-75题

例如： 人　　她　　哪　　是　　国

　　　　她是哪国人？

71. 把　　的报纸　　给我　　今天

72. 弟弟　　图书馆　　看书　　了　　去

73. 办法　　有　　很　　他　　总是

74. 让　　老师们　　校长　　必须　　会议　　参加

75. 是不是　　他的　　这个　　帽子

第二部分

第76-80题

例如：对（ 不 ）起，我迟到了。
　　　　　　bu

76. 你喜欢哪（　　）颜色？
　　　　　　zhǒng

77. 每个汉字（　　）十个。
　　　　　　xiě

78. （　　）你生日快乐！
　　　zhù

79. 我家附（　　）有公园。
　　　　　jìn

80. 我相（　　）你说的每一句话。
　　　　　xìn

新汉语水平考试
HSK（三级）
模拟考试 11

注　意

一、　HSK（三级）分三部分：

　　　　1. 听力（40题，约35分钟）

　　　　2. 阅读（30题，30分钟）

　　　　3. 书写（10题，15分钟）

二、　听力结束后，有5分钟填写答题卡。

三、　全部考试约90分钟（含考生填写个人信息时间5分钟）。

一、听力

第一部分

第1-5题

A

B

C

D

E

F

例如： 男： 喂，请问王老师在吗?
　　　 女： 对不起，你打错了。　　　　　　　　　　　D

1.

2.

3.

4.

5.

第6-10题

A

B

C

D

E

6. ☐

7. ☐

8. ☐

9. ☐

10. ☐

第二部分

第11-20题

例如： 为了让自己更健康，他每天跑步跑一个小时。

★ 他希望自己很健康。 (✓)

今天我想早点儿回家。看了看手表，才5点。过了一会儿再看表，还是5点，我这才发现我的手表不走了。

★ 那块儿手表不是他的。 (×)

11. ★ 2月11号开学。 ( )

12. ★ 球鞋是新买的。 ( )

13. ★ 中秋节的时候家人会一起看月亮。 ( )

14. ★ 他爸爸不同意他去留学。 ( )

15. ★ 妹妹已经读大学了。 ( )

16. ★ 他有很多朋友。 ( )

17. ★ 二月经常刮风。 ( )

18. ★ 他今天没有买到车。 ( )

19. ★ 不能把水果做成果汁喝。 ( )

20. ★ 他18岁的时候北京举办了奥运会。 ( )

第三部分

第21-30题

例如： 男： 小王，我一会儿想去看电影，你有时间吗？
  女： 对不起，我一会儿有朋友过来，咱们下次再去吧！
  问： 男的想让小王做什么？

  A 等朋友 **B** 看电影 ✓ **C** 吃东西

21. **A** 参加比赛 **B** 准备节目 **C** 很紧张

22. **A** 9点30分 **B** 10点35分 **C** 10点5分

23. **A** 坐电梯 **B** 不知道 **C** 走楼梯

24. **A** 离公司很远 **B** 很安静 **C** 不安静

25. **A** 红色 **B** 蓝色 **C** 黄色

26. **A** 来公司很久了 **B** 什么都不懂 **C** 刚刚读完大学

27. **A** 下雨了 **B** 很热 **C** 很冷

28. **A** 很伤心 **B** 发生了不好的事儿 **C** 感冒了

29. **A** 桌子上 **B** 男的手上 **C** 找不到了

30. **A** 饭店 **B** 医院 **C** 学校

第四部分

第31-40题

例如： 女： 晚饭做好了，来吃饭。

男： 等一会儿，比赛快结束了。

女： 快点儿吧，菜凉了就不好吃了。

男： 你先吃吧，我一会儿就看完了。

问： 男的在做什么？

A 洗澡　　　　　　B 吃饭　　　　　　C 看电视 ✓

31. A 去工作　　　　　B 去海边　　　　　C 去坐船

32. A 新的　　　　　　B 很贵　　　　　　C 坏了

33. A 风很大　　　　　B 很热　　　　　　C 比上海热

34. A 妈妈　　　　　　B 爸爸　　　　　　C 爷爷

35. A 爸爸和孩子　　　B 妈妈和孩子　　　C 奶奶和孩子

36. A 5块钱　　　　　 B 4块钱　　　　　 C 3块钱

37. A 男的的生日　　　B 女的的生日　　　C 别人的生日

38. A 学校　　　　　　B 网上　　　　　　C 图书馆

39. A 葡萄酒　　　　　B 红酒　　　　　　C 啤酒

40. A 春节　　　　　　B 教师节　　　　　C 中秋节

二、阅读

第一部分

第41-45题

A 超市门口就有地铁站,很方便。

B 教师节快到了,你想好表演什么节目了吗?

C 我在看动物世界,看到了好多我不认识的动物。

D 左拐,坐电梯上十六楼。

E 对不起,今天去上海的票没有了。

F 冰箱里还有点水果,你先吃吧。

例如:你要去哪儿坐地铁啊? (A)

41. 我饿了,家里有吃的吗? ( )

42. 你在看什么呢?我和你说话都没听见。 ( )

43. 我打算唱首歌。 ( )

44. 请问,1608号房间在哪儿?我要找张经理。 ( )

45. 明天的也可以。 ( )

第46-50题

A 除了学生，老师们也参加了这次的运动会。

B 他的狗最喜欢那个小花园了。

C 年轻人做事情要认真。

D 过去的日子很苦，但是人们生活很幸福。

E 你怎么做错了呢？

46. 他新买的房子有一个小花园。　　　　　　　　（　　）

47. 现在人们挣的钱多了，但是没有以前快乐。　　（　　）

48. 昨天我们学校的运动会可热闹了。　　　　　　（　　）

49. 这道题这么简单。　　　　　　　　　　　　　（　　）

50. 不能马马虎虎的。　　　　　　　　　　　　　（　　）

第二部分

第51-55题

A 和　　B 累　　C 害怕　　D 马上　　E 声音　　F 经过

例如：　汉语老师的（ E ）非常好听！

51. 他（　　）一个人在家。

52. 老师（　　）就到了，大家不要说话了。

53. （　　）这么久的努力，我的数学成绩终于提高了。

54. 这几天（　　）坏了吧，快点休息吧。

55. 下个月，我（　　）我妈妈就要离开这儿了。

第56-60题

A 了解　　B 被　　C 举行　　D 爱好　　E 谁　　F 难过

例如：　A：你的（ D ）是什么？
　　　　B：我喜欢踢足球。

56. A：你们的婚礼在哪儿（　　）？
　　 B：在海边，那里很漂亮。

57. A：大家都到了吗？还有（　　）没来吗？
　　 B：还有小李，他说10分钟之后就到。

58. A：我刚买的鱼哪儿去了？
　　 B：可能（　　）猫吃了。

59. A：你（　　）中国的历史吗？
　　 B：知道一点，但是不多。

60. A：他怎么了？看起来很（　　）。
　　 B：他的电脑坏了，电脑里有很多照片。

第三部分

第61-70题

例如： 我下午三点才到办公室，会议已经开始半个小时了。

★ 会议最可能几点开始？

A 一点　　　　　　B 两点　　　　　　C 两点半 ✓

61. 年轻人身体好，不怎么生病，也不怕累，感冒发烧，很快就过去了。可是等上了年纪，病就都来了，因为年轻的时候没有照顾好身体。

★ 人年轻的时候身体怎么样？

A 不经常生病　　　B 容易感冒　　　　C 怕累

62. 第一名当然好，但如果不能样样都好，就喜欢什么，把那一样做好，也不错。

★ 如果没有当上第一名怎么办？

A 必须做第一名　　B 做好自己喜欢的　C 样样都好

63. 除了必要的见面会之外，大部分时间，我们都在爷爷家的小院和游泳池里玩。这也算是紧张生活的一种放松吧。

★ 大部分时间，他们在哪儿？

A 去见面会　　　　B 去商场　　　　　C 在家里

64. 那一天学妹告诉我，她家有四个孩子，姐姐已经结婚，妹妹和弟弟也在上学，虽然家里不同意让她读大学，但她还是去上学了，她说她想去看看外面的世界。

★ 她为什么想去读大学？

A 家里没有钱　　　B 爸爸妈妈让他去　C 她想去外面看看

65. 为了实现想做的事情，我们要不停地努力，虽然过程一定会很苦、很累，但是结果一定会让你开心的，比你挣更多的钱还开心。

★ 我们能知道什么？

A 实现自己想做的事是开心的。　　B 过程不会苦，也不会累。
C 挣更多的钱更开心。

66. 从车站下车，走路十五分钟就能到达他家，他家院子中间有一个小屋，还有一个大花园，花园里都是花花草草。

    ★ 花园里有什么?

    A 院子　　　　　　B 花和草　　　　　　C 屋子

67. 一走进家里，我看到一群猫。年轻的我，并不爱动物，被那些猫包围着，有点害怕的感觉。

    ★ 他为什么有害怕的感觉?

    A 不喜欢猫　　　　B 看到一群猫　　　　C 被猫包围

68. 到上海的时候我三十三岁，如今十多年过去，我的事业被大众认可，舞蹈团从一开始努力找机会来表演，到现在开始有越来越多的人愿意花钱来看。

    ★ 舞蹈团现在怎么样?

    A 没人来看表演　　B 努力找机会表演　　C 越来越多的人来看

69. 自从大家都有了手机，再也没有人愿意写信了。手机很方便，可是感情变淡了；书信很慢，但是人们之间的感情很亲密。

    ★ 根据文章知道什么?

    A 人们现在很少写信　B 书信很方便　　　　C 手机很慢

70. 节日的时候，我们应该多出去走走，不走得远一点儿，不过得不一样一点儿，就不知道人生为什么该是这样。

    ★ 文章是什么意思?

    A 我们应该走远　　B 应该多出去看看　　C 应该经常思考人生

三、书写

第一部分

第71-75题

例如： 人　她　哪　是　国

　　　她是哪国人？

71. 去超市　买　妈妈　东西　了

72. 越来越　生活　人们　的　好

73. 突然　下　起　了　天　雨

74. 火车站　有　一家　饭馆　旁边

75. 把　书包　放在　书　里　我

第二部分

第76-80题

例如：对（ 不 ）起，我迟到了。
bu

76. 周末我们去（ ）篮球吧。
dǎ

77. 中国有几（ ）年的历史了。
qiān

78. 你家孩子今年几（ ）了？
suì

79. 我的分数比他的（ ）。
shǎo

80. 河里有三（ ）鸭子。
zhī

新汉语水平考试
HSK（三级）
模拟考试 12

注　意

一、　HSK（三级）分三部分：

      1. 听力（40题，约35分钟）

      2. 阅读（30题，30分钟）

      3. 书写（10题，15分钟）

二、　听力结束后，有5分钟填写答题卡。

三、　全部考试约90分钟（含考生填写个人信息时间5分钟）。

一、听力

第一部分

第1-5题

A	B
C	D
E	F

例如： 男： 喂，请问王老师在吗？
　　　 女： 对不起，你打错了。　　　　　　　　　　D

1. ☐

2. ☐

3. ☐

4. ☐

5. ☐

第6-10题

A

B

C

D

E

6. ☐

7. ☐

8. ☐

9. ☐

10. ☐

第二部分

第11-20题

例如：　为了让自己更健康，他每天跑步跑一个小时。

　　　　★ 他希望自己很健康。　　　　　　　　　　（ ✓ ）

　　　　今天我想早点儿回家。看了看手表，才5点。过了一会儿再看表，还是5点，我这才发现我的手表不走了。

　　　　★ 那块儿手表不是他的。　　　　　　　　　（ × ）

11. ★ 他的衣服都是新买的。　　　　　　　　　　（　　）

12. ★ 听说公司附近新开了一家饭店。　　　　　　（　　）

13. ★ 他每天都睡得很好。　　　　　　　　　　　（　　）

14. ★ 他需要了解公司的历史。　　　　　　　　　（　　）

15. ★ 他昨天去医院检查身体了。　　　　　　　　（　　）

16. ★ 他准备2月14号和女朋友结婚。　　　　　　（　　）

17. ★ 他的汉语书不见了。　　　　　　　　　　　（　　）

18. ★ 旅游可以帮助我们认识不同的人。　　　　　（　　）

19. ★ 经理经常因为迟到说大龙。　　　　　　　　（　　）

20. ★ 他认为吃水果可以变瘦。　　　　　　　　　（　　）

第三部分

第21-30题

例如： 男： 小王，我一会儿想去看电影，你有时间吗？
女： 对不起，我一会儿有朋友过来，咱们下次再去吧！
问： 男的想让小王做什么？

　　　　A 等朋友　　　　B 看电影 ✓　　　　C 吃东西

21. A 超市旁边　　　　B 超市后面　　　　C 没有书店

22. A 买新房子　　　　B 买新椅子　　　　C 买新桌子

23. A 买把伞　　　　　B 多穿衣服　　　　C 带把伞

24. A 茶　　　　　　　B 咖啡　　　　　　C 水

25. A 发烧　　　　　　B 头疼　　　　　　C 吃了太多药

26. A 不知道　　　　　B 没有公共汽车　　C 去公园坐车

27. A 老师和学生　　　B 同学　　　　　　C 朋友

28. A 留给男的吃　　　B 不喜欢吃　　　　C 鸡蛋坏了

29. A 他们想卖花　　　B 工作需要　　　　C 今天是情人节

30. A 帽子　　　　　　B 衣服　　　　　　C 皮鞋

第四部分

第31-40题

例如： 女： 晚饭做好了，来吃饭。

男： 等一会儿，比赛快结束了。

女： 快点儿吧，菜凉了就不好吃了。

男： 你先吃吧，我一会儿就看完了。

问： 男的在做什么？

    A 洗澡   B 吃饭   C 看电视 ✓

31. A 上火车   B 下火车   C 去火车站

32. A 玩游戏   B 拿行李箱   C 整理行李

33. A 四个人   B 五个人   C 六个人

34. A 学校   B 公司   C 银行

35. A 妻子生病了   B 妻子生气了   C 妻子工作太忙

36. A 给父母拍照   B 想学习拍照   C 给自己拍照

37. A 学生不说话   B 学生在写作业   C 学生放假了

38. A 八个   B 九个   C 十个

39. A 介绍女朋友   B 吃饭   C 看电影

40. A 手机   B 电脑   C 电视

二、阅读

第一部分

第41-45题

A 超市门口就有地铁站,很方便。

B 我坐出租车来的,司机直接把我送到门口了。

C 下午写完作业记得打扫一下你的房间。

D 好的,我马上就到。

E 今天的报纸在哪里?还没送来吗?

F 你手机放哪儿了?给你打电话怎么一直不接?

例如:你要去哪儿坐地铁啊?　　　　　　　　　　　(A)

41. 我下午和朋友说好了一起去打网球,回来再说吧。　( )

42. 今天走得太急,放到家里忘记带了。　　　　　　　( )

43. 每天早上八点送来,现在才七点半。　　　　　　　( )

44. 你下来吧,我在电梯门口等你。　　　　　　　　　( )

45. 你是怎么找到这个宾馆的?　　　　　　　　　　　( )

第46-50题

A 你的护照办好了吗?

B 你弟弟的考试成绩出来了吗? 考得怎么样?

C 我最近在学习汉语,准备去中国留学,以后留在中国工作。

D 老师,作业我通过电子邮件发给你了,你收到了吗?

E 我想让自己变得瘦一点,最近晚上不吃东西。

46. 收到了,我看完告诉你。　　　　　　　　　　　(　　)

47. 还没有呢,他们让我下周去取。　　　　　　　　(　　)

48. 晚上想吃什么? 米饭还是面条?　　　　　　　　(　　)

49. 好久没见面了,你这段时间忙什么呢?　　　　　(　　)

50. 他考了年级第一,这几天特别开心。　　　　　　(　　)

第二部分

第51-55题

A 年轻　　B 菜单　　C 新鲜　　D 牛奶　　E 声音　　F 准备

例如： 汉语老师的（ E ）非常好听！

51. 每天早上喝一杯（　　），对身体好。

52. 这个苹果在哪儿买的啊？真（　　），我也去买点儿。

53. 明天上课要用的铅笔你（　　）好了吗？

54. 服务员，把（　　）给我，我们要点菜。

55. 你真是越来越（　　），越来越漂亮了。

第56-60题

A 晚　　B 怎么　　C 复习　　D 爱好　　E 干净　　F 相信

例如：　A：你的（ D ）是什么？
　　　　B：我喜欢踢足球。

56. A：现在你（　　）我了吧，这件事真的不是我做的。
　　B：对不起，是我的错。

57. A：你去超市的时候帮我买点羊肉，可以吗？
　　B：好的，但是我还要去一趟医院，可能会回来得（　　）一点。

58. A：吃完饭记得把桌子上的碗和筷子洗（　　），我先走了。
　　B：知道了，你去忙吧。

59. A：下周就要考试了，（　　）得怎么样了？
　　B：差不多了，应该没问题。

60. A：下班之后陪我去买一件衬衫吧。
　　B：你不是有很多件衬衫吗？（　　）还要买？

第三部分

第61-70题

例如： 我下午三点才到办公室，会议已经开始半个小时了。

★ 会议最可能几点开始？

A 一点　　　　　　B 两点　　　　　　C 两点半 ✓

61. 不同的颜色有不同的含义，白色表示单纯，而红色表示希望、健康和热情。

    ★ 白色通常用来表示：

    A 希望　　　　　　B 单纯　　　　　　C 热情

62. 这次考试，你的数学成绩提高了很多，但是你的中文成绩却没有上次高，你能说一说是怎么回事吗？

    ★ 他的考试成绩怎么样？

    A 数学成绩提高了　　B 语文成绩提高了　　C 没有变化

63. 我们学校马上要开运动会了，感兴趣的同学可以参加，体育老师负责这次运动会，大家有问题的话记得联系他。

    ★ 体育老师：

    A 有问题　　　　　B 要开运动会　　　　C 负责运动会

64. 虽然工作很忙，但是也要注意休息。如果休息不好的话，不但容易迟到，影响第二天的工作，而且影响身体健康。

    ★ 不好好休息的话：

    A 容易迟到　　　　B 方便工作　　　　　C 身体更健康

65. 如果学习汉语的时候遇到了问题，可以查一查词典。查词典不但可以解决我们的问题，还可以帮助我们认识更多的汉字。

    ★ 查词典可以帮助我们：

    A 遇到问题　　　　B 认识汉字　　　　　C 学习词典

66. 下班后一起去玛丽开的咖啡馆吧，他们家的咖啡特别好喝，蛋糕也很好吃，好多人都这么说。

    ★ 关于这家咖啡馆，可以知道：

    A 咖啡很贵　　　　B 蛋糕不好吃　　　　C 主人是玛丽

67. 中国有句老话，叫"衣不如新，人不如故"，意思是衣服是新的好，但朋友还是旧的好，这句话是告诉我们不要认识了新朋友就忘记旧朋友了。

    ★ 认识了新朋友：

    A 要买新衣服　　　B 不认识旧朋友　　　C 也要记得旧朋友

68. 今年是2017年，我上次来北京还是五年前，没想到五年的时间北京的变化这么大，我都快认不出来了，中国的发展真是越来越好了。

    ★ 他上次来北京是什么时候？

    A 2010年　　　　　B 2011年　　　　　　C 2012年

69. 小张是一位历史老师，他很喜欢历史，除了上课，就是看历史书，他家的历史书都快放不下了，因为他懂得多，学生都很喜欢听他讲课。

    ★ 关于小张，可以知道：

    A 学生不喜欢他　　B 他有很多历史书　　C 他不需要上课

70. 明天李姐要来家里，我们今天去超市买点东西吧，买一条鱼，再买点菜，还要买 些香蕉，李姐最喜欢吃香蕉了。

    ★ 他们去超市买什么？

    A 香蕉　　　　　　B 西瓜　　　　　　　C 苹果

三、书写

第一部分

第71-75题

例如： 人　　她　　哪　　是　　国

　　　她是哪国人？

71. 小狗　　喜欢　　我　　玩球　　的

72. 非常　　会议　　的　　重要　　明天

73. 她　　一本　　小王　　送给　　书

74. 你　　漂亮　　一样　　跟　　她

75. 他们　　介绍　　正在　　呢　　图书馆

第二部分

第76-80题

例如：对（ 不[bu] ）起，我迟到了。

76. 你知道这个字怎么（　　[dú]　　）吗？

77. 把椅子放到你的（　　[zuǒ]　　）边。

78. 生病了就要吃（　　[yào]　　），不然严重了怎么办？

79. 一直（　　[ná]　　）着东西很累的，还是休息一会儿吧。

80. 您好，您一共花了455（　　[yuán]　　），收您450。

新汉语水平考试
HSK（三级）
模拟考试 13

注　意

一、 HSK（三级）分三部分：

    1. 听力（40题，约35分钟）

    2. 阅读（30题，30分钟）

    3. 书写（10题，15分钟）

二、 听力结束后，有5分钟填写答题卡。

三、 全部考试约90分钟（含考生填写个人信息时间5分钟）。

一、听力
第一部分

第1-5题

A
B
C
D
E
F

例如： 男： 喂，请问王老师在吗？
　　　 女： 对不起，你打错了。　　　　　　　　　D

1.

2.

3.

4.

5.

第6-10题

A

B

C

D

E

6. ☐

7. ☐

8. ☐

9. ☐

10. ☐

第二部分

第11-20题

例如：　为了让自己更健康，他每天跑步跑一个小时。

　　　　★ 他希望自己很健康。　　　　　　　　　　（ ✓ ）

　　　　今天我想早点儿回家。看了看手表，才5点。过了一会儿再看表，还是5点，我这才发现我的手表不走了。

　　　　★ 那块儿手表不是他的。　　　　　　　　　（ × ）

11.　★ 他看得清黑板上的字。　　　　　　　　　　（　　）

12.　★ 北方的春天一点儿也不冷。　　　　　　　　（　　）

13.　★ 他希望提高自己的汉语水平。　　　　　　　（　　）

14.　★ 他没有工作。　　　　　　　　　　　　　　（　　）

15.　★ 他一直喜欢中国菜。　　　　　　　　　　　（　　）

16.　★ 说话的人在卖空调。　　　　　　　　　　　（　　）

17.　★ 他现在不能回复电子邮件。　　　　　　　　（　　）

18.　★ 他们要去订房间。　　　　　　　　　　　　（　　）

19.　★ 他想买一本电子书。　　　　　　　　　　　（　　）

20.　★ 他已经到了。　　　　　　　　　　　　　　（　　）

第三部分

第21-30题

例如： 男： 小王，我一会儿想去看电影，你有时间吗？
　　　女： 对不起，我一会儿有朋友过来，咱们下次再去吧！
　　　问： 男的想让小王做什么？

　　　　　A 等朋友　　　　　B 看电影 ✓　　　　　C 吃东西

21. A 去考试　　　　　B 去写作业　　　　　C 去吃饭

22. A 在桌子上　　　　B 坏了　　　　　　　C 在车里

23. A 下雪了　　　　　B 下雨了　　　　　　C 太热了

24. A 参加会议　　　　B 去超市　　　　　　C 去洗车

25. A 买一件新衬衫　　B 买一部新手机　　　C 买一台新车

26. A 中国人　　　　　B 韩国人　　　　　　C 日本人

27. A 不愿意踢球　　　B 没时间写作业　　　C 没时间踢球

28. A 儿子带女朋友回来　B 朋友的儿子要来　　C 要做好吃的

29. A 蛋糕太贵了　　　B 蛋糕太甜了　　　　C 奶油不健康

30. A 眼睛像爸爸　　　B 嘴像妈妈　　　　　C 长得像妈妈

第四部分

第31-40题

例如： 女： 晚饭做好了，来吃饭。

男： 等一会儿，比赛快结束了。

女： 快点儿吧，菜凉了就不好吃了。

男： 你先吃吧，我一会儿就看完了。

问： 男的在做什么？

　　A 洗澡　　　　　　B 吃饭　　　　　　C 看电视 ✓

31. A 在办公室　　　　B 在家　　　　　　C 在超市

32. A 图书馆　　　　　B 电影院　　　　　C 动物园

33. A 长得像　　　　　B 是同学　　　　　C 关系不好

34. A 老师和学生　　　B 妈妈和儿子　　　C 爸爸和女儿

35. A 晚上下雨　　　　B 家里要来客人　　C 家里没有水果了

36. A 学习　　　　　　B 搬家　　　　　　C 吃什么

37. A 去上海开会　　　B 送她们去上海　　C 去北京玩

38. A 听音乐会　　　　B 去游泳　　　　　C 去打电话

39. A 红色的　　　　　B 很大　　　　　　C 黄色的

40. A 给她拍照　　　　B 教她拍照　　　　C 带她去公园

二、阅读

第一部分

第41-45题

A 超市门口就有地铁站,很方便。

B 谢谢,我已经学了两年了。

C 我每天都骑车上班,瘦了十多斤了。

D 那个练剑的老人是你的爷爷吗?

E 你穿这件黄色的就行,很漂亮。

F 好,我知道一家餐馆特别好,我带你去。

例如:你要去哪儿坐地铁啊?　　　　　　　　　　(A)

41. 他已经80多岁了,身体一直很健康。　　　　( )

42. 咱们去吃饭吧,我饿了。　　　　　　　　　( )

43. 你的汉语说得真不错,你学几年了?　　　　( )

44. 你看起来瘦了不少。　　　　　　　　　　　( )

45. 我这周末要去参加同学的婚礼,可是不知道穿什么。( )

第46-50题

A 我听说了，新来的老师是中国人。

B 就在门口的桌子上，我给你拿过去。

C 严重吗？我放学就去看她。

D 这件是最小号了，要不您看看别的款式？

E 我不去了，你们去吧，我约了几个同学来家里玩儿。

46. 你看见我的眼镜了吗？　　　　　　　　　（　　）

47. 我们周末要去爬山，你要不要一起去？　　（　　）

48. 咱们学校新来了一个汉语口语老师，他教得特别好。　（　　）

49. 我觉得这件有点儿大，有没有小一点儿的？　（　　）

50. 奶奶生病住院了，你去医院看看她吧。　　（　　）

第二部分

第51-55题

A 北方　B 成绩　　C 舒服　D 把　　　E 声音　F 放心

例如： 汉语老师的（ E ）非常好听！

51. 我这次汉语考试的（　　）不太好，我得多做点儿练习了。

52. 春天是我最喜欢的季节，因为春天让人觉得很（　　）。

53. 她打电话说已经到家了，我也就（　　）了。

54. 天已经亮了，就（　　）灯关了吧。

55. （　　）的冬天很干，而南方的冬天是阴冷的。

第56-60题

A 如果　　B 除了　　C 刚才　　D 爱好　　E 了解　　F 才

例如：　A：你的（ D ）是什么？
　　　　B：我喜欢踢足球。

56. A：明天开会要用的东西都买到了吗？
　　 B：（　　）铅笔，其他的都买到了。

57. A：今天来的人有点少啊。
　　 B：还没到时间呢，（　　）七点一刻。

58. A：李老师怎么没在这儿？
　　 B：他（　　）来了，又走了。

59. A：你能给我讲讲明朝的历史吗？
　　 B：不好意思，我也不是很（　　）。

60. A：今天天气挺好的，我想去公园。
　　 B：（　　）我下午没事，就和你一起去。

第三部分

第61-70题

例如：　我下午三点才到办公室，会议已经开始半个小时了。

　　★ 会议最可能几点开始？

　　A 一点　　　　　　B 两点　　　　　　C 两点半 ✓

61. 上班时，我的车坏了，我就把车停在路边了。我是坐公共汽车来上班的，但是路上车太多了，所以我就迟到了。

　　★ 根据这段话，可以知道：

　　A 他没上班　　　　B 他的车坏了　　　　C 他的车是新买的

62. 今天是中秋节，咱们买点儿菜再回家吧，妈妈说家里的米也没有了，咱们再去买袋米吧。

　　★ 他们不需要买：

　　A 米　　　　　　　B 菜　　　　　　　　C 果汁

63. 今天新来了一个同事，聊了好久我才发现，他是我丈夫的高中同学，他还是班长呢。

　　★ 新同事是她丈夫的：

　　A 高中同学　　　　B 大学同学　　　　　C 以前同事

64. 上个月末我去北京玩了几天，住的是四合院。其实我原本打算住宾馆的，但是到了那儿，我发现四合院特别漂亮，我特别喜欢。

　　★ 他去北京玩在哪儿住的？

　　A 朋友家　　　　　B 宾馆　　　　　　　C 四合院

65. 我女儿的英语老师还不到三十岁，虽然很年轻，但她的课讲得非常有意思，所以我女儿也越来越喜欢学英语。

　　★ 他女儿喜欢学英语是因为：

　　A 老师的课有意思　B 她的成绩好　　　　C 英语有用处

66. 我已经告诉他好几遍走之前要检查一下书包，可他还是忘带手机了，我又开车给他送去的。

　　★ 他今天：

　　　A 迟到了　　　　　B 忘带手机了　　　　C 没开车

67. 他每天都骑自行车上班，这样不仅能保护环境，也能锻炼身体。但是骑车的速度比较慢，所以他每天六点半就要出门。

　　★ 他每天都：

　　　A 开车上班　　　　B 六点半出门　　　　C 六点出门

68. 要是有位女士来找我，就让她去三楼办公室等我，我一会儿去六楼会议室开会。

　　★ 根据这句话，下列不正确的是：

　　　A 会议室在三楼　　B 办公室在三楼　　　C 会议室在六楼

69. 我没有课的时候，有时会去图书馆看书，有时会去看电影，或者和同学去打球，但我最喜欢的还是和朋友去听音乐会。

　　★ 他最喜欢：

　　　A 和同学去打球　　B 和朋友去听音乐会　C 和朋友去看电影

70. 咱们来早了，才七点半，还没到上课时间呢。咱们先去吃个早饭吧。

　　★ 最可能的上课时间是：

　　　A 八点　　　　　　B 七点半　　　　　　C 七点

三、书写

第一部分

第71-75题

例如： 人　　她　　哪　　是　　国

　　　她是哪国人？_____

71. 买　　这　　的　　在　　超市　　是

72. 把　　我　　吃　　了　　面包

73. 杯子　　上　　一个　　桌子　　放着

74. 压坏　　被　　行李箱　　了

75. 吃　　叫我　　妈妈　　早饭

第二部分

第76-80题

例如：对（ 不^bu ）起，我迟到了。

76. 你的（ ^bí ）子怎么这么红啊？

77. 照片上穿白衬（ ^shān ）的男的是我丈夫。

78. 他二十三岁就结（ ^hūn ）了。

79. 我还不怎么会用（ ^kuài ）子。

80. 老师对这次考试的成绩很（ ^mǎn ）意。

新汉语水平考试
HSK（三级）
模拟考试 14

注　意

一、　HSK（三级）分三部分：

　　　1. 听力（40题，约35分钟）

　　　2. 阅读（30题，30分钟）

　　　3. 书写（10题，15分钟）

二、　听力结束后，有5分钟填写答题卡。

三、　全部考试约90分钟（含考生填写个人信息时间5分钟）。

一、听力
第一部分

第1-5题

A.
B.
C.
D.
E.
F.

例如： 男： 喂，请问王老师在吗？
女： 对不起，你打错了。   D

1. ☐

2. ☐

3. ☐

4. ☐

5. ☐

第6-10题

A

B

C

D

E

6. ☐

7. ☐

8. ☐

9. ☐

10. ☐

第二部分

第11-20题

例如： 为了让自己更健康，他每天跑步跑一个小时。

★ 他希望自己很健康。 （ ✓ ）

今天我想早点儿回家。看了看手表，才5点。过了一会儿再看表，还是5点，我这才发现我的手表不走了。

★ 那块儿手表不是他的。 （ ✗ ）

11. ★ 他身体不舒服。 （ ）

12. ★ 王老师的课很简单。 （ ）

13. ★ 她喜欢去公园。 （ ）

14. ★ 他的邻居要搬走了。 （ ）

15. ★ 这是一本关于文学的书。 （ ）

16. ★ 玛丽周末去看电影。 （ ）

17. ★ 大卫生病了。 （ ）

18. ★ 他家离学校很近。 （ ）

19. ★ 年轻人不应该离开手机。 （ ）

20. ★ 女儿牙疼是因为吃糖。 （ ）

第三部分

第21-30题

例如： 男： 小王，我一会儿想去看电影，你有时间吗？
　　　 女： 对不起，我一会儿有朋友过来，咱们下次再去吧！
　　　 问： 男的想让小王做什么？

　　　　　　 A 等朋友　　　　　 B 看电影 ✓　　　　　 C 吃东西

21. A 地铁站　　　　　 B 商店　　　　　　 C 宾馆

22. A 在学习　　　　　 B 听音乐　　　　　 C 出去玩儿

23. A 春天　　　　　　 B 冬天　　　　　　 C 夏天

24. A 明天　　　　　　 B 下个月　　　　　 C 周末

25. A 丢了　　　　　　 B 坏了　　　　　　 C 旧了

26. A 画画儿　　　　　 B 写字　　　　　　 C 读书

27. A 七块五　　　　　 B 七块　　　　　　 C 八块

28. A 坐出租车　　　　 B 坐公共汽车　　　 C 坐火车

29. A 价格　　　　　　 B 颜色　　　　　　 C 大小

30. A 四班　　　　　　 B 二班　　　　　　 C 三班

第四部分

第31-40题

例如： 女： 晚饭做好了，来吃饭。

男： 等一会儿，比赛快结束了。

女： 快点儿吧，菜凉了就不好吃了。

男： 你先吃吧，我一会儿就看完了。

问： 男的在做什么？

  A 洗澡   B 吃饭   C 看电视 ✓

31. A 医院   B 图书馆   C 公司

32. A 服务好   B 客人少   C 环境好

33. A 爸爸和儿子   B 爸爸和女儿   C 妈妈和儿子

34. A 旅游   B 留学   C 聚会

35. A 有名   B 难吃   C 不干净

36. A 找老师   B 做数学题   C 讲课

37. A 红色   B 黑色   C 黄色

38. A 看照片   B 照相   C 买照相机

39. A 蛋糕   B 帽子   C 字典

40. A 公司开会   B 手机没电了   C 路上车坏了

二、阅读

第一部分

第41-45题

A 超市门口就有地铁站，很方便。

B 明天有雨，还是改天吧。

C 因为我在中国已经生活十年了。

D 那你应该多准备碗和筷子。

E 教室没人，我们去教室吧。

F 你最好在纸上多写几遍。

例如：你要去哪儿坐地铁啊？　　　　　　　　　　　（ A ）

41. 你的汉语说得太好了！　　　　　　　　　　　　（　）

42. 我们应该找个地方练习要表演的舞蹈。　　　　　（　）

43. 这个词语我见过很多次了，还是记不住。　　　　（　）

44. 我们明天去爬山吧，学生票很便宜。　　　　　　（　）

45. 下周我的同事想来我家吃饭。　　　　　　　　　（　）

第46-50题

A 没问题，我用电子邮件发给你。

B 他让我们打扫教室。

C 他是一个很聪明的孩子。

D 你想好去哪里了吗?

E 没有，只是我的妻子在看。

46. 你的弟弟这次考试又得了第一名。 (　　)

47. 我很喜欢这个电视节目，你也在看吗? (　　)

48. 你能告诉我今天的作业要求吗? (　　)

49. 老师刚刚说什么? 我没听清楚。 (　　)

50. 我终于有时间去旅游了。 (　　)

第二部分

第51-55题

A 把　　B 变化　　C 热　　D 认识　　E 声音　　F 鸡蛋

例如： 汉语老师的（ E ）非常好听！

51. （　　）对孩子的身体健康有帮助。

52. 我已经很多年没回来了，这里的（　　）很大。

53. 哥哥让我（　　）菜放在桌子上。

54. 我从来没见过这个人，我不（　　）他。

55. 外面真（　　），能开一下空调吗?

第56-60题

　　　　A 生气　　B 号　　　C 一会儿　D 爱好　　E 忘记　　F 水果

例如：　A：你的（ D ）是什么？
　　　　B：我喜欢踢足球。

56. A：表演比赛什么时候举行？
　　 B：听说是5月6（　　）。

57. A：你为什么这么早就起床了？
　　 B：我（　　）今天是周末了。

58. A：冰箱里有（　　）吗？
　　 B：还有一个西瓜。

59. A：妈妈为什么（　　）了？
　　 B：因为我总是上网。

60. A：你快来看看我的电脑。
　　 B：我（　　）就来。

第三部分

第61-70题

例如： 我下午三点才到办公室，会议已经开始半个小时了。

★ 会议最可能几点开始？

A 一点　　　　　　B 两点　　　　　　C 两点半 ✓

61. 今天我们班来了一个新同学，他和我一个姓，都姓李，他叫李明，老师让他坐在我的左边。

★ 根据这段话，可以知道：

A 李明是新同学　　B 李明坐在我的右边　　C 我们名字一样

62. 这部电影所讲的故事很简单，但是演了快3个小时了，我都快睡着了。

★ 这部电影：

A 时间短　　　　　B 故事简单　　　　　C 很奇怪

63. 小王，你把盘子拿到厨房，把地打扫干净，再去给客人倒杯茶。

★ 小王是：

A 服务员　　　　　B 客人　　　　　　　C 经理

64. 中国南北方人的体重有很大的不同，北方人饮食以面为主，身形比较高大，南方人以米为主，身形比较瘦小。

★ 南方人：

A 以面为主　　　　B 很胖　　　　　　　C 比较瘦小

65. 我的妈妈感冒了，我想在家照顾她，就不去旅游了。

★ 妈妈怎么了？

A 感冒了　　　　　B 生气了　　　　　　C 旅游去了

66. 如果不是你，我的成绩不会提高得这么快。

　　★ 我的成绩：

　　　A 非常好　　　　　B 提高了　　　　　C 很差

67. 我的小妹妹可以自己穿衣服了，她现在找不到她的小裙子了，着急得哭了。

　　★ 妹妹为什么哭了？

　　　A 裙子不漂亮　　　B 找不到裙子　　　C 裙子小了

68. 我家花园里的树是我7岁时种的，10年了，它们也长大了。

　　★ 我今年多大了？

　　　A 7岁　　　　　　B 17岁　　　　　　C 27岁

69. 手机的出现方便了人们的生活，人们可以用手机看新闻、买东西和玩游戏。

　　★ 这段话说的是：

　　　A 手机的作用　　　B 手机的问题　　　C 手机的坏处

70. 我喜欢唱歌，也喜欢舞蹈，但我希望以后能当一名音乐老师。

　　★ 我希望：

　　　A 当舞蹈老师　　　B 当音乐老师　　　C 当历史老师

三、书写
第一部分

第71-75题

例如： 人　　她　　哪　　是　　国

她是哪国人？

71. 别人的　　那　　办公室　　是

72. 正在　　我的　　丈夫　　马　　骑

73. 买　　要　　我　　袜子　　一双

74. 喝　　奶奶　　最　　牛奶　　爱

75. 写　　很多　　了　　字　　黑板上

第二部分

第76-80题

例如：对（ 不^{bu} ）起，我迟到了。

76. 你想到（ bàn ）法了吗?

77. 公园（ fù ）近有一家超市。

78. 果汁很受小朋友欢（ yíng ）。

79. 下课了，学校里很（ rè ）闹。

80. 这件衬衫太（ duǎn ）了。

新汉语水平考试
HSK（三级）
模拟考试 15

注　意

一、　HSK（三级）分三部分：

　　　　1. 听力（40题，约35分钟）

　　　　2. 阅读（30题，30分钟）

　　　　3. 书写（10题，15分钟）

二、　听力结束后，有5分钟填写答题卡。

三、　全部考试约90分钟（含考生填写个人信息时间5分钟）。

一、听力

第一部分

第1-5题

A

B

C

D

E

F

例如： 男： 喂，请问王老师在吗？
       女： 对不起，你打错了。　　　　　　D

1.

2.

3.

4.

5.

第6-10题

A

B

C

D

E

6. ☐

7. ☐

8. ☐

9. ☐

10. ☐

第二部分

第11-20题

例如： 为了让自己更健康，他每天跑步跑一个小时。

　　　　★ 他希望自己很健康。　　　　　　　　　（ ✓ ）

　　　　今天我想早点儿回家。看了看手表，才5点。过了一会儿再看表，还是5点，我这才发现我的手表不走了。

　　　　★ 那块儿手表不是他的。　　　　　　　　（ ✗ ）

11. ★ 今天我去看电影了。　　　　　　　　　　（　　）

12. ★ 喝太多葡萄酒对身体很好。　　　　　　　（　　）

13. ★ 我常去商店买东西。　　　　　　　　　　（　　）

14. ★ 他在考试中取得了好成绩。　　　　　　　（　　）

15. ★ 人们很喜欢喝茶。　　　　　　　　　　　（　　）

16. ★ 他迟到了。　　　　　　　　　　　　　　（　　）

17. ★ 我爱喝甜牛奶。　　　　　　　　　　　　（　　）

18. ★ 我的女朋友不爱说话。　　　　　　　　　（　　）

19. ★ 他们不等她了。　　　　　　　　　　　　（　　）

20. ★ 小王总是喜欢请客。　　　　　　　　　　（　　）

第三部分

第21-30题

例如： 男： 小王，我一会儿想去看电影，你有时间吗？
　　　 女： 对不起，我一会儿有朋友过来，咱们下次再去吧！
　　　 问： 男的想让小王做什么？

　　　　　A 等朋友　　　　B 看电影 ✓　　　　C 吃东西

21. A 爸爸和女儿　　　B 老师和学生　　　C 邻居

22. A 秋天　　　　　　B 春天　　　　　　C 冬天

23. A 啤酒和葡萄酒　　B 啤酒　　　　　　C 葡萄酒

24. A 医院　　　　　　B 学校　　　　　　C 图书馆

25. A 一只　　　　　　B 两只　　　　　　C 三只

26. A 看电影　　　　　B 逛街　　　　　　C 学习

27. A 女的不喜欢熊猫　B 熊猫很可爱　　　C 熊猫有点儿胖

28. A 写作业　　　　　B 看电视　　　　　C 玩手机

29. A 超市　　　　　　B 饭店　　　　　　C 宾馆

30. A 女的马上就回来　B 女的忘记带钥匙　C 女的要加班

第四部分

第31-40题

例如： 女： 晚饭做好了，来吃饭。
　　　　男： 等一会儿，比赛快结束了。
　　　　女： 快点儿吧，菜凉了就不好吃了。
　　　　男： 你先吃吧，我一会儿就看完了。
　　　　问： 男的在做什么？

　　　　A 洗澡　　　　　B 吃饭　　　　　C 看电视 ✓

31. A 宿舍　　　　　B 图书馆　　　　C 教室

32. A 半年　　　　　B 一年　　　　　C 两年半

33. A 女的的妹妹　　B 男的的妻子　　C 男的的姑姑

34. A 天气　　　　　B 伞　　　　　　C 太阳

35. A 衣柜里　　　　B 沙发上　　　　C 桌子上

36. A 裙子　　　　　B 裤子　　　　　C 袜子

37. A 6:00　　　　　B 6:30　　　　　C 7:00

38. A 蓝色　　　　　B 黄色　　　　　C 男的没想好

39. A 狗　　　　　　B 猫　　　　　　C 没有养过宠物

40. A 可以做菜　　　B 牛吃的水果　　C 儿子喜欢的水果

二、阅读

第一部分

第41-45题

A 超市门口就有地铁站,很方便。

B 我来帮忙,需要我做什么?

C 你的行李都准备好了吗?护照带了吗?

D 再不起床就要迟到了。

E 你还在骑这辆自行车啊?

F 今天早上我才发现,厨房的灯一直开着。

例如:你要去哪儿坐地铁啊?　　　　　　　　　　　(A)

41. 我已经认真检查好几次了,该带的都带了。　　　( )

42. 虽然它很旧了,但是没有坏,我就没有换新的。　( )

43. 不用着急,今天的第一节课取消了。　　　　　　( )

44. 我一个人没有办法表演这个节目。　　　　　　　( )

45. 对不起,是我忘记关了。　　　　　　　　　　　( )

第46-50题

A 别难过，我相信你下一次一定能通过的。

B 谢谢你，无论收到什么我都会很开心的。

C 你就要毕业了，你有什么想要的礼物吗？

D 这个面包不新鲜了，我可以换一个吗？

E 我终于通过了考试，我太开心了。

46. 我虽然一直很努力，但是最后没有通过考试。　　（　）

47. 我想送你一个生日礼物，不知道你喜欢什么。　　（　）

48. 没有，妈妈。毕业后我就可以工作了，不用给我礼物。（　）

49. 确实是过了保鲜期，你去拿一个新的吧。　　　　（　）

50. 我一直相信你可以，因为你之前一直很努力。　　（　）

第二部分

第51-55题

A 年轻　　B 聪明　　C 清楚　　D 害怕　　E 声音　　F 新鲜

例如：汉语老师的（ E ）非常好听！

51. 我们的老师很（　　），看样子不到三十岁。

52. 这条小路上没有灯，很黑，我觉得很（　　），不敢一个人走。

53. 我坐在教室里的最后一排，看黑板上的字不是很（　　）。

54. 冰箱里的蔬菜看起来不太（　　）了，我们去市场再买些回来吧。

55. 她很（　　），数学考试总能取得好成绩。

第56-60题

A 当然　　B 应该　　C 突然　　D 爱好　　E 一定　　F 一直

例如：　A：你的（ D ）是什么？
　　　　B：我喜欢踢足球。

56. A：你（　　）多锻炼身体，这样才能少生病。
　　 B：好啊，明天开始我们一起去跑步吧。

57. A：你好像比以前胖了一些。
　　 B：没有啊，我的体重（　　）都没变化。

58. A：你不是已经出门了吗？怎么又回来了？
　　 B：外面（　　）下雨了，我回来拿一把伞。

59. A：你不来也没关系，我们可以完成这个任务。
　　 B：我不放心，（　　）要亲眼看看。

60. A：你想和我们一起去打篮球吗？
　　 B：（　　）想去了，我早就想去活动活动了。

第三部分

第61-70题

例如： 我下午三点才到办公室，会议已经开始半个小时了。

　　★ 会议最可能几点开始？

　　A 一点　　　　　　　B 两点　　　　　　　C 两点半 ✓

61. 今天我在食堂看见教我们汉语的张老师了，他拿着好多书从我身边经过，说是要去图书馆。

　　★ 根据这段话，可以知道：

　　A 张老师在食堂吃饭　　B 我要去图书馆　　C 张老师要去图书馆

62. 我以前爱看电视剧。但现在不喜欢看了，因为广告时间太长了。

　　★ 根据上文，我们可以知道：

　　A 他现在爱看电视剧　　B 他不喜欢看广告　　C 他喜欢看广告

63. 喂，张经理吗？我马上就到办公室了，刚刚我在地铁上不方便接电话，我已经到公司楼下了。

　　★ 根据这段话，可以知道：

　　A 他没接张经理的电话　B 他现在在地铁上　　C 他现在在办公室

64. 我的朋友很喜欢打扮，她每天早上要花很多时间在化妆上，周末我在家看电视的时候，她通常在商场购物。

　　★ 根据这段话，我们可以知道：

　　A 我喜欢打扮和化妆　　B 我朋友喜欢看电视　　C 我朋友喜欢购物

65. 要有选择地读书，不是所有的书都值得读。对不爱读书的人，我劝他多读，而对爱读书的人，我劝他可以读得少，但是一定要选择好书。

　　★ 下面哪个是对的？

　　A 读书越多越好　　　　B 读书越少越好　　　C 要有选择地读书

66. 因为工作的关系，他搬走了。但每隔一段时间，他就会打电话告诉我，他又换了什么新工作，最近的生活是怎样的。

   ★ 关于他，哪项是不正确的：

   A 他和我是同事　　　　B 他经常给我打电话　　C 他经常换工作

67. 喂？你好，我是张红的姐姐，你找我妹妹吗？你是她的同学吗？她现在正在洗澡不能接电话，你把名字告诉我，一会儿我让她给你回电话吧。好的，再见，王林同学。

   ★ 谁在洗澡？

   A 张红　　　　　　　　B 王林　　　　　　　　C 张红的姐姐

68. 小李说他和很多朋友在一起吃饭的时候，很少会聊工作和学习上的事，他们的话题一般都是娱乐消息或是身边的一些趣事。

   ★ 根据这段话，小李喜欢和朋友：

   A 聊娱乐消息和趣事　　B 聊工作和趣事　　　　C 聊学习和娱乐

69. 每天早上都是我爸爸开车送我到学校，可是今天我爸爸有事先走了，我是自己打车到学校的。

   ★ 今天我是怎么到学校的？

   A 爸爸打车送我　　　　B 爸爸开车送我　　　　C 我自己打车

70. 今天一早爸爸妈妈接了一个电话就急匆匆地出门了，他们把妹妹交给我照顾，所以我今天不能和你们一起去踢足球了。

   ★ 我今天要做什么？

   A 接电话　　　　　　　B 照顾妹妹　　　　　　C 踢足球

三、书写

第一部分

第71-75题

例如： 人　　她　　哪　　是　　国

　　　　她是哪国人？

71. 我　　足球　　报名　　可以　　比赛　　参加　　吗

72. 我　　满意　　工作　　对　　现在　　很　　的

73. 街道　　不错　　很　　环境　　的　　这条

74. 水平　　办法　　为了　　很多　　汉语　　他　　提高　　想了

75. 糖　　牛奶里　　玛丽　　把　　放在　　习惯

第二部分

第76-80题

例如：对（ 不 ）起，我迟到了。
　　　　　　bu

76. 听说你感冒了，我很（　　）心。
　　　　　　　　　　　　dān

77. 上周我（　　）给你的书有趣吗？
　　　　　jiè

78. 我在花盆里（　　）了好多月季花。
　　　　　　　zhòng

79. 他把桌子上的果汁擦掉了，桌子变得很干（　　）。
　　　　　　　　　　　　　　　　　　　　　jìng

80. 你已经很（　　）了，根本不需要减肥。
　　　　　　shòu

新 HSK 기출모의 문제집

박용호·杜欣·李媚乐·赵春秋·杨昆 지음
한국중국어교육개발원 감수

🌸 정답·듣기 대본
🌸 답안지

3급

넥서스

新 HSK
기출모의 문제집

❀ 정답·듣기 대본
❀ 답안지

3급

HSK 모의고사 제1회 답안

一. 听力

1. C 2. F 3. A 4. E 5. B 6. C 7. B 8. D 9. A 10. E

11. × 12. × 13. × 14. √ 15. × 16. √ 17. × 18. √ 19. × 20. ×

21. B 22. A 23. C 24. B 25. C 26. A 27. C 28. C 29. B 30. A

31. A 32. A 33. C 34. B 35. C 36. B 37. A 38. C 39. B 40. A

二. 阅读

41. D 42. E 43. C 44. F 45. B 46. D 47. E 48. B 49. C 50. A

51. B 52. F 53. C 54. D 55. A 56. F 57. E 58. A 59. B 60. C

61. A 62. C 63. A 64. B 65. B 66. B 67. A 68. B 69. C 70. C

三. 书写

71. 手机对人们影响很大。

72. 请把空调打开。

73. 儿子经常睡得很晚。

74. 昨天喝的那瓶酒很贵。

75. 这是在火车站买的。

76. 多   77. 变   78. 衣   79. 耳   80. 自

HSK 모의고사 제1회 듣기 대본

第一部分

一共10个题,每题听两次。

例如:男:喂,请问王老师在吗?
　　　女:对不起,你打错了。

现在开始第1到5题:

1. 男:中国的茶很好喝。
   女:是啊!我很喜欢喝绿茶。

2. 男:老师在黑板上写的字太小了,你看得清吗?
   女:我需要戴上眼镜。

3. 女:听说你从小就喜欢唱歌。
   男:是的,我现在是我们学校的音乐老师。

4. 女:昨天的月亮很亮,你看见了吗?
   男:看到了,昨天晚上我在外面散步。

5. 男:请问,这个蛋糕多少钱?
   女:这个198元,旁边那个小点儿的108元。

现在开始第6到10题:

6. 女:我的电视打不开了,你能帮我看看吗?
   男:好的,我晚上六点下课后去你家。

7. 男:我家住在中山公园附近,你呢?
   女:我住在公司后面,那里有一个饭馆,菜很好吃。

8. 女:你喜欢看篮球吗?
   男:我不喜欢,我喜欢看足球。

9. 男:我想买这个衬衫,但是我太胖了。
   女:你穿多大号的衣服?

10. 女:下车时,我忘了拿我的手机。
    男:你这个手机什么时候买的?

第二部分

一共10个题,每题听两次。

例如:为了让自己更健康,他每天跑步跑一个小时。
　　　★ 他希望自己很健康。

今天我想早点儿回家。看了看手表,才5点。过了一会儿再看表,还是5点,我这才发现我的手表不走了。
★ 那块儿手表不是他的。

现在开始第11题:

11. 我的爱好是画画,我不喜欢唱歌,也不喜欢锻炼身体。
    ★ 我的爱好是唱歌。

12. 你看见那个照片了吗?照片里是我爸爸,但是我和他长得一点儿都不像。
    ★ 我和爸爸长得像。

13. 不用担心我了,药很有作用,我不用去医院检查了。
    ★ 我一会儿去医院。

14. 图书馆真是又干净又安静,我经常去那里看书,因为要考试了。
    ★ 我现在经常在图书馆学习。

15. 家里有一些苹果，没有葡萄了，我一会儿去商店买点儿。
　★ 家里没有水果了。

16. 我认识那个经理，他是我的同学，他现在和你一个公司吗？
　★ 经理是我的同学。

17. 我来中国学习汉语，我也喜欢中国的文化。我的爸爸妈妈也想来这里生活。
　★ 我的爸爸妈妈喜欢中国的文化。

18. 我们今天要去妹妹家，你别忘了带着礼物。爷爷说她很喜欢吃糖。
　★ 我们要送礼物给妹妹。

19. 王红坐地铁的时候喜欢玩手机，有很多次她忘记下车，坐过了站。
　★ 王红喜欢坐地铁。

20. 他做饭非常好吃，经常自己在家做饭，星期日我们去他家吃饭吧！
　★ 他对做饭没兴趣。

第三部分

一共10个题，每题听两次。

例如：男：小王，我一会儿想去看电影，你有时间吗？
　　　女：对不起，我一会儿有朋友过来，咱们下次再去吧！
　　　问：男的想让小王做什么？

现在开始第21题：

21. 男：楼下那个蓝色的自行车是你的吗？
　　女：不是，我的是绿色的。我的自行车在家里。
　　问：女的的自行车是什么颜色？

22. 女：我今天跑了一万米，真累啊。
　　男：锻炼身体是好事，我明天也和你一起去吧！
　　问：他们明天要去做什么？

23. 女：周明，能帮我照顾一下我弟弟吗？他生病了。
　　男：我今天搬家，我叫我妈妈去帮你吧。
　　问：谁去照顾弟弟？

24. 女：我今天打扫了房间，儿子的老师说今天来家里，你下班早点回来。
　　男：今天晚上我要到机场接个客人，到家得十点了。
　　问：他们最可能是什么关系？

25. 男：商店马上就要关门了，你还要买什么东西吗？
　　女：我想买一瓶咖啡和一些牛奶，你不是想买果汁吗？
　　问：男的想买什么？

26. 女：现在十点了，别忘了把手机关了，会议马上就要开始了。
　　男：我已经等了两个小时了。
　　问：男的几点开始等的？

27. 男：为了欢迎你回来，我买了鲜花和蛋糕。
　　女：谢谢，我非常开心，我还买了啤酒。
　　问：男的没买什么？

28. 女：你知道吗？小李的姐姐是我的同事。
　　男：我认识他姐姐，她是我以前的同学。
　　问：小李的姐姐和男的是什么关系？

29. 女：我看见他笑着走出来，可能下午的历史考试不难。
　　男：他说考试很简单，因为他的历史学得很好。
　　问：他说考试怎么样？

30. 男：我花了十五万买了这辆车，但是我的邻居花了十二万买了一样的车。
    女：那真是差很多啊，你应该去问问汽车商店为什么。
    问：**男的怎么了？**

第四部分

一共10个题，每题听两次。

例如：女：晚饭做好了，来吃饭。
　　　男：等一会儿，比赛快结束了。
　　　女：快点儿吧，菜凉了就不好吃了。
　　　男：你先吃吧，我一会儿就看完了。
　　　问：**男的在做什么？**

现在开始第31题：

31. 男：昨天晚上下雪了，我今天早上的飞机去北京，希望今天不会下雪。
    女：那你现在在机场吗？
    男：是的，今晚有时间见个面吗？
    女：我今天要和公司的经理一起吃饭，明天可以吗？
    问：**男的在做什么？**

32. 女：小王，你到办公室了吗？能帮我看一下我的电脑在不在桌子上？
    男：我在办公室呢，是那台粉色的笔记本电脑吗？
    女：是的，我在外面参加教师会议，忘记带电脑了。
    男：我帮你把电脑收起来，那你什么时候回来上课？
    问：**女的的工作最可能是什么？**

33. 女：下午的数学考试，你在哪里考？
    男：我在四零一，在四楼，你呢？
    女：我在五楼，五零七。你考试准备得怎么样？

　　男：我准备得很认真。
    问：**男的在哪里考试？**

34. 男：你可以把电视关小点声吗？弟弟感冒了，在睡觉。
    女：对不起，我刚去洗澡了，忘了关电视。他怎么突然感冒了？
    男：昨天下雨，我们没有带雨伞。
    女：你也注意休息，记得睡觉时关空调。
    问：**弟弟为什么感冒了？**

35. 女：你来这里以后还习惯吗？
    男：刚开始不习惯，现在两个月过去了，已经很习惯了。
    女：为什么你到这里来生活？
    男：这里环境好，天气不冷不热，上班也很方便。
    问：**关于"这里"，不正确的是？**

36. 男：我今天起床的时候用冷水洗了澡。
    女：奶奶跟我说，用冷水洗澡对身体不好。
    男：但是我听说，还有人冬天在外面游泳呢，我也想试试。
    女：你想去医院吗？
    问：**关于男的，可以知道什么？**

37. 女：你看见七床那个病人了吗？
    男：是不是喜欢戴白色帽子的那个人？我看见他去洗手间了。
    女：他今天应该出院，他的爸爸来了。
    男：他的身体好些了吗？
    问：**他们最可能在哪里？**

38. 男：快起床去刷牙，我开车来接你。
    女：我们去哪儿啊？
    男：你不是牙疼吗？我们去看医生呀！
    女：不用你来了，医院很近，我自己打车去。
    问：**女的会怎么去？**

39. 女：明天开学，你就要到学校住了。准备好衣服了吗？
    男：还没有，写完作业之后吧。
    女：你已经15岁了，应该知道怎么照顾自己。
    男：妈妈，不要为我担心了！
    问：**男的最可能在做什么？**

40. 男：生日快乐！这是我给你的生日礼物。
    女：谢谢！这是什么？
    男：你打开看看。
    女：这是你画的我吗？真好看！
    问：**关于女的，可以知道什么？**

HSK 모의고사 제2회 답안

一. 听力

1. F 2. B 3. E 4. C 5. A 6. D 7. A 8. E 9. B 10. C

11. × 12. √ 13. × 14. √ 15. √ 16. × 17. × 18. × 19. × 20. ×

21. C 22. A 23. C 24. A 25. A 26. B 27. C 28. B 29. B 30. C

31. A 32. B 33. A 34. B 35. B 36. A 37. C 38. A 39. B 40. B

二. 阅读

41. F 42. D 43. E 44. B 45. C 46. D 47. A 48. C 49. E 50. B

51. C 52. D 53. A 54. B 55. F 56. F 57. E 58. B 59. C 60. A

61. A 62. B 63. A 64. A 65. B 66. C 67. A 68. C 69. B 70. B

三. 书写

71. 我打算去中国留学。

72. 信用卡里有钱。

73. 经理努力地工作。

74. 这个电影特别有名。

75. 面条被丈夫吃了。

76. 哭   77. 聪   78. 空   79. 信   80. 法

新 HSK 모의고사 제2회 듣기 대본

第一部分

一共10个题，每题听两次。

例如：男：喂，请问王老师在吗?
　　　女：对不起，你打错了。

现在开始第1到5题：

1. 女：你爱踢足球吗? 我们去踢足球吧！
   男：好啊，那走吧。

2. 男：公园就在附近，怎么还没到呢?
   女：别着急，就在前面了，三分钟就到了。

3. 男：我穿这件衬衫怎么样?
   女：这件颜色太旧，还是穿那件白色的吧。

4. 男：借我用用你的词典，好吗?
   女：没问题，我用完借你。

5. 男：上午有可能下雨，出门带伞啊。
   女：我的伞放在学校了，我这就去拿。

现在开始第6到10题：

6. 女：你在做什么?
   男：我在刷牙呢，你不是说早上起床一定要先刷牙吗?

7. 男：同学们请看黑板。
   女：老师，黑板上的字写得太小，我们看不清楚。

8. 男：我在地图上怎么没找到这个地方啊?
   女：就在这儿了，这个地方不太好找。

9. 女：这双皮鞋穿着不舒服。
   男：你还有其他鞋吗? 穿着舒服的那种。

10. 男：儿子一边听音乐一边写作业。
    女：我们得跟他说说，让他写完作业再听。

第二部分

一共10个题，每题听两次。

例如：为了让自己更健康，他每天跑步跑一个小时。
　　　★ 他希望自己很健康。

今天我想早点儿回家。看了看手表，才5点。过了一会儿再看表，还是5点，我这才发现我的手表不走了。
★ 那块儿手表不是他的。

现在开始第11题：

11. 我要去还书，今天是最后一天，明天图书馆关门。
    ★ 今天图书馆关门。

12. 这星期他迟到了两次，这是第三次。
    ★ 这星期他已经迟到了三次。

13. 病人已经好些了，下周末就可以回家了。
    ★ 病人上周末回家了。

14. 机场的南边有家宾馆。
    ★ 宾馆在机场的南边。

15. 关于作业的要求，你可以上网看一下。
    ★ 网上有作业要求。

16. 超市的羊肉不但好吃，而且新鲜。
    ★ 超市的羊肉不好吃。

17. 我喜欢骑马，但是我妻子不喜欢。
    ★ 我妻子喜欢骑马。

18. 老李，小王让我告诉你，他已经把电子邮件发给你了。
    ★ 小王正在给老李发电子邮件。

19. 每年这个时候，树绿了，一些花也开了。
    ★ 每年这个时候，花都开了。

20. 小文来上海半年了，只会写简单的汉字。
    ★ 小文不会写汉字。

第三部分

一共10个题，每题听两次。

例如：男：小王，我一会儿想去看电影，你有时间吗？
　　　女：对不起，我一会儿有朋友过来，咱们下次再去吧！
　　　问：男的想让小王做什么？

现在开始第21题：

21. 男：奶奶，家里是不是没有水果了？
    女：冰箱里还有一个西瓜和两个苹果。
    问：冰箱里没有什么水果？

22. 男：我们一起去跑步，好不好？
    女：好啊，你等我几分钟，我去换双鞋。
    问：男的和女的要一起做什么？

23. 男：那个女孩儿是小周的妹妹吗？
    女：不是，她是小周的女朋友。
    问：那个女孩儿是谁？

24. 男：我的照相机不见了，你看到了吗？

女：没有，你慢慢找。你没放在书包里吗？
问：男的在找什么？

25. 女：把电视声音关小点儿，声音太大会影响邻居们休息的。
    男：声音有那么大吗？好吧，我关小点儿。
    问：电视声音怎么样？

26. 男：我在外面呢，半小时后到公司，我们见面再说吧。
    女：好的，那我在办公室等您。
    问：男的在哪儿？

27. 男：这儿的环境很好，而且也很安静。
    女：这些都挺让我满意的，就是房子太贵。
    问：女的为什么对这儿不满意？

28. 男：我想买两条黑裤子，能便宜一点儿吗？
    女：一条黑裤子100块，买两条便宜20块。
    问：两条黑裤子一共多少钱？

29. 男：小花，今天是2月18号，明天就是你的生日了。
    女：真的吗？时间过得真快啊，我都忘记了。
    问：哪天是小花的生日？

30. 男：你喝咖啡还是喝茶？
    女：谢谢，我先不喝，等一会儿再喝，我刚喝完一杯水。
    问：女的喝了什么？

第四部分

一共10个题，每题听两次。

例如：女：晚饭做好了，来吃饭。
　　　男：等一会儿，比赛快结束了。

女：快点儿吧，菜凉了就不好吃了。
男：你先吃吧，我一会儿就看完了。
问：**男的在做什么？**

现在开始第31题：

31. 男：你的行李箱呢？
    女：我把行李箱放在出租车里了，我下车的时候太着急，忘了拿。
    男：那怎么办啊？
    女：我有出租车司机的电话，我打电话问问他吧。
    问：**女的的行李箱在哪儿？**

32. 男：小丽，照片上骑自行车的人是你弟弟吗？
    女：不是的，你再好好看看。
    男：不会是你爸爸吧？
    女：这次你说对了，那时他刚参加工作，很年轻。
    问：**照片上的人是谁？**

33. 男：喂，请问小白在家吗？
    女：她出去了，请问您是哪位？
    男：我是她的朋友，找她有点儿事情。她什么时候回来啊？
    女：她出去十分钟了，再过五分钟应该就回来了。
    问：**小白再过几分钟回来？**

34. 男：你不会又长个儿了吧？
    女：怎么会呢？
    男：我一米七二，你快和我一样高了。
    女：奇怪，我都二十四岁了，怎么还长高呢？
    问：**女的可能多高？**

35. 女：你好！我要去北京西站。
    男：好的，请关好车门。
    女：从南站到西站远吗？
    男：不太远，从这儿到那儿也就半个小时吧。
    问：**女的要去哪儿？**

36. 男：你叫什么名字？
    女：我叫张红。
    男：你可以回答一下刚才的问题吗？
    女：我觉得第二个应该是对的，所以我选择黄河。
    问：**男的在做什么？**

37. 女：我的电脑坏了，怎么办？
    男：让我想想，你可以问问小李，请她帮忙。
    女：她很忙，要不问问老张？
    男：好吧，他一定能帮我们的，我带你去找他。
    问：**最后女的找谁帮忙的？**

38. 女：你怎么还不睡觉，明天不上班吗？
    男：上班啊，报纸还有一小段就看完了。
    女：别看了，你再不睡，明天早上就起不来了。
    男：知道了，我这就睡。
    问：**男的在干什么？**

39. 男：你看，这上面写着2.12元。两个"2"都是"两元"的意思吗？
    女：不是的，最前面的"2"是"两元"的意思，后面的"2"是"两分"的意思。
    男：那中间的"1"呢？
    女："1"是"一角"的意思。
    问：**"1"是什么意思？**

40. 女：服务员，我们订了包房。
    男：五位这边请。
    女：请再拿一个椅子，还有一个人要来。
    男：好的，我这就去拿。
    问：**他们一共有几个人？**

HSK 모의고사 제3회 답안

一. 听力

1. F 2. E 3. A 4. B 5. C 6. C 7. D 8. E 9. B 10. A

11. × 12. × 13. √ 14. × 15. × 16. √ 17. √ 18. × 19. × 20. √

21. B 22. C 23. A 24. C 25. B 26. A 27. C 28. B 29. C 30. A

31. C 32. B 33. A 34. B 35. C 36. B 37. A 38. C 39. A 40. C

二. 阅读

41. B 42. D 43. F 44. E 45. C 46. D 47. C 48. E 49. A 50. B

51. D 52. C 53. A 54. B 55. F 56. C 57. E 58. A 59. F 60. B

61. B 62. A 63. C 64. B 65. C 66. A 67. C 68. B 69. A 70. C

三. 书写

71. 这条街道真干净啊！

72. 我们还是坐船去那里比较方便。／ 我们去那里，还是坐船比较方便。
    ／ 去那里，我们还是坐船比较方便。

73. 北方的冬天真冷啊！

74. 爷爷喜欢给我们讲过去的故事。

75. 我们让客人作决定吧。

76. 要   77. 口   78. 天   79. 共   80. 兴

HSK 모의고사 제3회 듣기 대본

第一部分

一共10个题，每题听两次。

例如：男：喂，请问王老师在吗?
女：对不起，你打错了。

现在开始第1到5题：

1. 女：你看我的裤子太大了，都不能穿了。
   男：确实太大了，明天我陪你去买几条新的裤子吧。

2. 男：丽丽，生日快乐，这是我送给你的花，希望你喜欢。
   女：谢谢你，这花真漂亮，我很喜欢。

3. 女：我好饿啊，什么时候才能吃饭啊?
   男：我正在做饭呢，马上就要做完了，你再等会儿吧。

4. 男：这里的景色多么美啊，我们一起在这里照张照片吧。
   女：好的。

5. 男：阿姨您好，我是小文的同学，请问她在家吗?
   女：她在房间写作业呢，你进来等一下，我去叫她。

现在开始第6到10题：

6. 女：爸爸，我害怕，你一定不要放手。
   男：别害怕，我在你后面呢，你放心游吧。

7. 男：琳琳，你最近怎么瘦了这么多啊?
   女：因为我每天都会出去跑步。

8. 男：刘经理，这是我们公司新来的王总经理，以后你要向他学习。
   女：您好，王总经理，以后请您多多帮助。

9. 女：这件衬衫真好看，多少钱?
   男：150块。

10. 女：女儿，今天有雨，别忘了带雨伞去上学。
    女：知道了，妈妈。

第二部分

一共10个题，每题听两次。

例如：为了让自己更健康，他每天跑步跑一个小时。
★ 他希望自己很健康。

今天我想早点儿回家。看了看手表，才5点。过了一会儿再看表，还是5点，我这才发现我的手表不走了。
★ 那块儿手表不是他的。

现在开始第11题：

11. 对不起，您要的那个颜色的行李箱已经没有了，现在还有蓝色和绿色的，您要不要选择这两个?
    ★ 绿色的行李箱没有了。

12. 张明，这就是我的办公室，如果你有什么不懂的数学问题，可以来这里找我。
    ★ 张明是一位数学老师。

13. 小李，请你告诉大家，今天上午八点的会议改到星期四上午九点进行。
    ★ 会议要改到星期四上午九点开。

14. 以前小亮特别矮，怎么两年不见他就长这么高了？真是不敢相信。
    ★ 小亮现在特别矮。

15. 这个城市已经有近两千年的历史了，大家可以从图书馆里借到很多关于它的书。
    ★ 他想去图书馆借书。

16. 我喜欢这个国家的山水画，你可以帮我找一位老师教我画画儿吗？
    ★ 他想学画画儿。

17. 吃鱼一定要吃新鲜的，你看这条鱼，虽然做得很好看，但是我一吃就觉得有问题，一定不是新鲜的鱼。
    ★ 这条鱼不新鲜。

18. 今天是我的生日，我以为大家都忘了，心里很难过。没想到我下班回家的时候，发现家人还有朋友们正拿着蛋糕和礼物等我呢，我真是太高兴了。
    ★ 朋友们忘记了他的生日。

19. 服务员，请你把菜单拿给我看一下，我要再点一碗米饭和几个菜。
    ★ 他们正在家里吃饭。

20. 昨天晚上我正在家里看篮球比赛，突然电视机坏了，没有办法，我只好到邻居王叔叔家去看电视了。
    ★ 昨晚电视机坏了。

第三部分

一共10个题，每题听两次。

例如：男：小王，我一会儿想去看电影，你有时间吗？
    女：对不起，我一会儿有朋友过来，咱们下次再去吧！
    问：男的想让小王做什么？

现在开始第21题：

21. 男：张老师，李校长正在找你，你快点儿过去吧。
    女：知道了，我这就过去，谢谢王老师。
    问：他们是什么关系？

22. 女：一会儿你去超市的时候，帮我买点儿香蕉回来吧。
    男：冰箱里还有很多呢，吃完了再买吧。
    问：女的想让男的帮她买什么？

23. 女：请问中国银行在哪儿？
    男：您一直往南走，走到第一个路口向西转就能看到了。
    问：女的在做什么？

24. 男：你买了这么多东西了，奶奶要的盘子还没买呢！
    女：我知道，我不是正在找吗？这儿都是瓶子，我们去别的地方看看。
    问：他们在找什么？

25. 女：喂，加拿大这里现在是白天，还能看见太阳呢，你那里怎么样？
    男：我这里月亮已经出来了，而且正在刮风呢。
    问：他们正在做什么？

26. 男：这张熊猫的照片真可爱，是在哪儿照的？
    女：在北京附近的动物园照的。
    问：他们在说什么？

27. 女：你今天怎么又迟到了？又起晚了吗？
    男：不是，今天在上学的路上我的自行车坏了。
    问：**他为什么迟到了？**

28. 女：你不是住七层吗？电梯到了，你怎么不下去？
    男：谁说我住七层？我住的是903。
    问：**男的住几层？**

29. 男：什么事情让你这么高兴？还买了新裙子。
    女：我妹妹这周末要结婚了，我当然高兴了！
    问：**女的为什么高兴？**

30. 男：今天有点儿冷，下午我们别去爬山了，去看电影怎么样？
    女：好啊！我现在就想去了。
    问：**女的是什么意思？**

第四部分

一共10个题，每题听两次。

例如：女：晚饭做好了，来吃饭。
      男：等一会儿，比赛快结束了。
      女：快点儿吧，菜凉了就不好吃了。
      男：你先吃吧，我一会儿就看完了。
      问：**男的在做什么？**

现在开始第31题：

31. 女：你看到我的眼镜了吗？
    男：不在桌子上吗？
    女：不在，我记得昨天看新闻的时候还用呢。
    男：你看，这不是在词典旁边吗？
    问：**女的在找什么？**

32. 男：我的眼睛很不舒服。
    女：我看看，怎么这么红啊？你昨天晚上干什么了？
    男：跟好朋友出去喝了十几瓶啤酒，很晚才回家。
    女：你这是喝酒喝得太多了。
    问：**男的怎么了？**

33. 女：医生，我儿子是不是发烧了？
    男：没有，只是有点儿感冒。
    女：没发烧就好。
    男：不用担心，拿点儿药回去，休息休息就好了。
    问：**根据对话，可以知道什么？**

34. 男：你家可真干净，经常打扫很累吧？
    女：不累，我家这么小，打扫起来很容易。
    男：那你有空也去把我家打扫打扫吧。
    女：自己的事情要自己做。
    问：**根据对话，可以知道什么？**

35. 女：小明，你爸爸什么时候能回来呀？我饭都做好了。
    男：爸爸打电话来说，他已经离开公司了，正在路上，半个小时就到家了。
    女：那好，你先把筷子和碗拿到桌子上去，准备吃饭。
    男：好的。
    问：**他们是什么关系？**

36. 男：你中午怎么就吃这么少呀？
    女：早上我面包吃多了，现在还很饱，吃不下去了。
    男：还是再吃点东西吧，不然下午会饿的。
    女：没关系，如果饿了，我就喝点儿饮料。
    问：**女的为什么吃得少？**

37. 女：那个长头发的女孩子是你的新同事吗？
    男：不是，是我的妹妹，她最近刚刚留学回来，你不认识了吗？
    女：不会吧，比以前漂亮多了，不过还是一样地热情。
    男：她这几年变化是挺大的。
    问：**关于男的的妹妹，可以知道什么？**

38. 女：我们十年没见面了吧？我都快认不出来了。
    男：是啊，那个时候多年轻啊！我记得离开学校的时候，你还哭了呢。
    女：我那时真不想离开你们这些好朋友。
    男：我也是，现在看到你们真高兴。
    问：**女的当时为什么会哭？**

39. 女：爸爸，我同学说今天公园有骑马节目，我想跟他们去看看。
    男：你的数学练习题写完了吗？
    女：还有十分钟就写完了，很快的。
    男：那你认真点儿写，写得好我就同意你去。
    问：**女的想去做什么？**

40. 男：你是新搬来的吗？以前没见过你啊。
    女：是的，我上星期才搬来。
    男：我住在三楼，欢迎你有时间来我家玩儿。
    女：谢谢，有时间我一定去！
    问：**他们是什么关系？**

HSK 모의고사 제4회 답안

一. 听力

1. F 2. E 3. B 4. A 5. C 6. D 7. B 8. A 9. C 10. E

11. × 12. × 13. √ 14. × 15. × 16. × 17. √ 18. √ 19. √ 20. ×

21. C 22. A 23. B 24. C 25. B 26. B 27. A 28. C 29. C 30. C

31. A 32. B 33. C 34. A 35. C 36. B 37. B 38. C 39. A 40. C

二. 阅读

41. E 42. F 43. D 44. B 45. C 46. D 47. C 48. B 49. E 50. A

51. D 52. C 53. F 54. B 55. A 56. C 57. E 58. A 59. B 60. F

61. C 62. C 63. C 64. A 65. B 66. A 67. C 68. C 69. B 70. C

三. 书写

71. 我对北京很了解。

72. 哥哥比弟弟大两岁。

73. 出去的时候请把门关上。

74. 我的爸爸在医院工作。

75. 教室里有几个人?

76. 更　　77. 间　　78. 公　　79. 太　　80. 漂

HSK 모의고사 제4회 듣기 대본

第一部分

一共10个题,每题听两次。

例如:男:喂,请问王老师在吗?
　　　女:对不起,你打错了。

现在开始第1到5题:

1. 男:端午节你去哪儿旅行了?
   女:我去北京了,我去了长城。

2. 男:今天上午我去了动物园,那个全身只有黑白两色的动物叫什么?
   女:你说的是大熊猫吧?

3. 女:先生,这里不可以抽烟。
   男:对不起,我没看见。

4. 男:京剧你听得懂吗?
   女:刚开始听不懂,但我经常听,慢慢就听懂了。

5. 男:你的窗台上摆着什么?
   女:摆着一盆花儿。

现在开始第6到10题:

6. 男:这个周末你打算做什么?
   女:我听说有个自行车比赛,我想去参加。

7. 女:请问您想喝点什么,水还是果汁?
   男:水,谢谢。

8. 男:墙上挂的是什么?
   女:是一张世界地图。

9. 男:你们三个比一比,看谁的个子最高?
   女:姐姐个子最高,我最矮。

10. 女:坐了五个小时的飞机,终于到家了。
    男:你一定很累吧,我帮你拿行李箱。

第二部分

一共10个题,每题听两次。

例如:为了让自己更健康,他每天跑步跑一个小时。
★ 他希望自己很健康。

今天我想早点儿回家。看了看手表,才5点。过了一会儿再看表,还是5点,我这才发现我的手表不走了。
★ 那块儿手表不是他的。

现在开始第11题:

11. 教室里有点暗,我去把灯打开。
    ★ 他要去把门打开。

12. 我刚到中国的时候,一句汉语也不会说。
    ★ 他现在不会说汉语。

13. 飞机马上就要起飞了,请大家系好安全带。
    ★ 他们在坐飞机。

14. 我弟弟是大学四年级的学生,他一边找工作,一边学习,每天都休息不好。
    ★ 弟弟工作了。

15. 很多人喜欢过圣诞节,可能是因为他们喜欢那种欢乐的气氛。

★ 人们不喜欢过圣诞节。

16. 我家院子里种着三种水果，有香蕉，有菠萝，还有木瓜。
    ★ 我家院子里种了西瓜。

17. 我们班上个学期有四十个人，这个学期新来了一个留学生。
    ★ 这个学期我们班有41个人。

18. 昆明的春天很温暖，我很习惯这里的天气。
    ★ 他很习惯昆明的天气。

19. 运动会不仅是比赛，还能让我们锻炼身体。
    ★ 运动会能锻炼身体。

20. 根据学校的要求，有三分之一的时间不来上课，就不能参加考试了。
    ★ 学校要求所有人都要参加考试。

第三部分

一共10个题，每题听两次。

例如：男：小王，我一会儿想去看电影，你有时间吗？
　　　女：对不起，我一会儿有朋友过来，咱们下次再去吧！
　　　问：男的想让小王做什么？

现在开始第21题：

21. 男：小王，你骑慢点儿，要注意安全。
    女：知道了，可是上班要迟到了。
    问：男的想让小王做什么？

22. 男：我最近总是睡不好，还有点发烧，想请您帮我看看。
    女：我先给你做个身体检查吧。
    问：女的最可能是做什么的？

23. 男：有什么可以帮助您的吗？
    女：我没吃饱，请再给我看一下菜单。
    问：他们最有可能在哪儿？

24. 女：这本书里有个字我不认识，把你的字典借我用一下好吗？
    男：我也没有字典，不过，用手机也可以查。
    问：女的想借什么？

25. 女：小李，明天早上我先去银行，然后再去找你。
    男：可以，中午一起去看电影吧。
    问：女的明天最先做什么？

26. 男：请问，去最近的超市怎么走？
    女：就在医院旁边，五分钟就能走到了。
    问：这个超市在哪儿？

27. 男：我的护照找不到了，怎么办？
    女：别着急，你的护照在我的包里呢。
    问：护照在哪儿？

28. 女：下了班我们一起去锻炼吧！
    男：对不起，我最近没时间，我周末还要考试呢。
    问：男的周末有什么事儿？

29. 男：你的手表真好看，是在北京买的吗？
    女：我去年在韩国旅游的时候买的。
    问：女的的手表是在哪儿买的？

30. 男：已经很晚了，早点回家休息吧。
    女：我得先把明天开会要用的东西准备完再回去。
    问：女的现在要做什么？

第四部分

一共10个题,每题听两次。

例如:女:晚饭做好了,来吃饭。
　　　男:等一会儿,比赛快结束了。
　　　女:快点儿吧,菜凉了就不好吃了。
　　　男:你先吃吧,我一会儿就看完了。
　　　问:**男的在做什么?**

现在开始第31题:

31. 男:你最喜欢什么运动?
　　 女:我最喜欢打篮球,还喜欢游泳。
　　 男:我也喜欢游泳,那我们周末一起去吧!
　　 女:太好了!
　　 问:**他们周末打算去哪儿?**

32. 男:我过一会儿要去火车站接朋友。你和我一起去吗?
　　 女:几点出发?
　　 男:再过半个小时吧,六点出发。
　　 女:好的,我去准备一下。
　　 问:**现在几点了?**

33. 男:现在怎么才八点?
　　 女:已经十点了,墙上的钟停了。
　　 男:是坏了吗?
　　 女:不是,只是没电了,换块电池就好了。
　　 问:**钟怎么了?**

34. 女:这件衣服是最新的,非常适合您。
　　 男:好看是好看,可是我不喜欢蓝色。
　　 女:还有白色的,您要不要试一下?
　　 男:试一下吧,我最喜欢白色了。
　　 问:**这件衣服是什么样的?**

35. 男:今天我牙疼,想请假去看医生。
　　 女:用不用我送你去?
　　 男:不用了,你去送孩子上学吧。
　　 女:没关系的,医院就在学校旁边。我先送你。
　　 问:**男的要去哪儿?**

36. 女:我马上去北京西站买回家的火车票。
　　 男:为什么不上网买呢?现在网上买票很方便。
　　 女:好主意,可是我不会在网上买票。
　　 男:我教你,特别简单。
　　 问:**女的现在要做什么?**

37. 男:你在做什么呢?
　　 女:我在锻炼身体呢,中午吃了很多东西。
　　 男:这么说你已经吃完午饭了。我还想让你来我家吃饭呢。
　　 女:谢谢你,下次再去吧。
　　 问:**女的在做什么?**

38. 男:下班了一起去图书馆还书吧。
　　 女:好啊,但是下班时间路上的车一定很多,如果坐车去就太慢了。
　　 男:那我们还是走路去吧,也不是很远,二十多分钟就可以到。
　　 女:就这么定了,一会儿见!
　　 问:**他们怎么去图书馆?**

39. 男:你怎么脸色这么不好?
　　 女:我昨天加班,睡得特别晚。你干什么去?
　　 男:我最近感冒了,我去买点药。
　　 女:早点回家休息吧。
　　 问:**女的怎么了?**

40. 男:我的数学考试没通过,但是我已经很努力了。
　　 女:我给你们留的作业你认真写了吗?做错的题都改正了吗?
　　 男:还没来得及改呢。
　　 女:这回你知道问题出在哪儿了吧?
　　 问:**他们最可能是什么关系?**

HSK 모의고사 제5회 답안

一. 听力

1. C 2. F 3. B 4. E 5. A 6. E 7. D 8. A 9. C 10. B
11. × 12. × 13. √ 14. √ 15. √ 16. √ 17. × 18. √ 19. × 20. ×
21. A 22. C 23. A 24. B 25. C 26. B 27. A 28. B 29. C 30. A
31. A 32. C 33. B 34. A 35. A 36. B 37. C 38. B 39. A 40. C

二. 阅读

41. C 42. F 43. E 44. B 45. D 46. C 47. E 48. B 49. A 50. D
51. D 52. F 53. B 54. A 55. C 56. E 57. A 58. F 59. B 60. C
61. A 62. B 63. C 64. C 65. A 66. B 67. C 68. B 69. C 70. B

三. 书写

71. 蛋糕已经被他弟弟吃完了。

72. 外面在下雨呢。

73. 老师高兴地回答了问题。

74. 他是从韩国来的。/ 从韩国来的是他。

75. 经理要求我们七点半以前到公司。

76. 以   77. 本   78. 心   79. 只   80. 办

HSK 모의고사 제5회 듣기 대본

第一部分

一共10个题，每题听两次。

例如：男：喂，请问王老师在吗？
　　　女：对不起，你打错了。

现在开始第1到5题：

1. 男：你怎么了？
   女：医生，我的牙每天都疼，您帮我看看吧。

2. 女：你再拿双筷子吧。
   男：好的，已经放在桌子上了。

3. 女：请问，这里的卫生间在哪儿？
   男：就在那儿，看见了吗？

4. 男：你在听什么音乐？我也想听听。
   女：这不是音乐，我在学习汉语，你也跟我一起学习吧。

5. 男：上个星期才买了一件衣服，为什么今天又要买？
   女：因为我胖了，那件衣服不能穿了。

现在开始第6到10题：

6. 男：那个是你的行李箱吗？红色的那个。
   女：对，是我的。终于找到了，谢谢你！

7. 女：家里没有水果了，你下班时买点水果回来吧。
   男：那我买点儿西瓜吧，你最喜欢的。

8. 男：昨天的足球比赛你看了吗？
   女：没有，我昨天感冒了，很早就睡了。

9. 女：房间里太热了，快点儿打开空调吧。
   男：空调坏了，我们正在找问题。

10. 男：妈妈，我突然觉得头疼，我不能学习了。
    女：为什么你看电视的时候不头疼？

第二部分

一共10个题，每题听两次。

例如：为了让自己更健康，他每天跑步跑一个小时。
　　　★ 他希望自己很健康。

今天我想早点儿回家。看了看手表，才5点。过了一会儿再看表，还是5点，我这才发现我的手表不走了。
★ 那块儿手表不是他的。

现在开始第11题：

11. 以前没有电脑的时候，人们都写信给自己的朋友和家人，现在有电脑了，很多人都开始发电子邮件了，只有很少人写信。
★ 现在没有人写信。

12. 我也很喜欢自己的家乡，但是我不想回去，因为我的家乡冬天总是下雪，太冷了。
★ 在我的家乡，冬天不常下雪。

13. 前几天我去看医生了，他告诉我吃饭时多吃点儿菜，别只吃肉了，这样对身体不好。
    ★ 我喜欢吃肉。

14. 有了女儿以后，我周末最主要的事情就是跟她一起玩儿，如果没有人跟她一起玩，她就一直哭。
    ★ 女儿喜欢有人跟她一起玩儿。

15. 在中国，有的父母觉得孩子离开大学以后，应该先找男朋友或者女朋友结婚，然后再找工作。
    ★ 有的父母觉得孩子应该早点儿结婚。

16. 我昨天晚上两点才睡，一共才睡了四个小时，你晚点儿再给我打电话吧。
    ★ 我现在还想睡觉。

17. 中国人常说"女大十八变"，意思就是说女孩子长大以后会有很大变化。
    ★ 女孩子长大以后会有十八次变化。

18. 您要不要照一张照片？我们这儿照相非常快，照片一分钟就能洗出来，而且我们能照得非常漂亮。
    ★ 这个人的工作是给别人照相。

19. 有的人喝酒是为了忘记不好的事情，有的人喝酒是为了工作，我喝酒只是因为喜欢。
    ★ 我喝酒是为了忘记不高兴的事。

20. 这件事对我们公司的影响非常大，我们要先开一个会，明天再告诉您。
    ★ 已经开完会了。

第三部分

一共10个题，每题听两次。

例如：男：小王，我一会儿想去看电影，你有时间吗？
    女：对不起，我一会儿有朋友过来，咱们下次再去吧！
    问：男的想让小王做什么？

现在开始第21题：

21. 男：你能借点儿钱给我吗？我的钱包丢了。
    女：没问题，你需要多少？
    问：男的为什么借钱？

22. 女：你最近去锻炼身体了吗？我太忙了，两个星期没去。
    男：我跟你一样。
    问：男的去锻炼了吗？

23. 女：昨天我给你发邮件了，请你帮我看看有没有问题。
    男：我看见了，没问题，挺好的。
    问：女的为什么给男的发邮件？

24. 男：你怎么又发烧了？上次给你的药吃了吗？
    女：吃了，但是没有用。
    问：女的为什么发烧了？

25. 男：请您相信我，这次一定可以。
    女：这句话你已经说过五次了。
    问：女的是什么意思？

26. 女：今天的新闻有意思吗？
    男：新闻怎么可能有意思？
    问：男的觉得新闻怎么样？

27. 男：为什么你写作业这么慢？
    女：因为我喜欢一边写作业一边看电视。
    问：女的写作业为什么慢？

28. 女：听说昨天有一个有名的歌手来咱们学校了，你去了吗？
    男：没去，我对这样的事不感兴趣。
    问：**男的为什么没去？**

29. 女：这么晚了，有事吗？
    男：没事，只是突然想你了。
    问：**他们可能是什么关系？**

30. 男：关于这件事，谁还有要说的？
    女：我没有意见。听你的！
    问：**女的是什么意思？**

第四部分

一共10个题，每题听两次。

例如：女：晚饭做好了，来吃饭。
      男：等一会儿，比赛快结束了。
      女：快点儿吧，菜凉了就不好吃了。
      男：你先吃吧，我一会儿就看完了。
      问：**男的在做什么？**

现在开始第31题：

31. 女：您好，有什么可以帮您的？
    男：我想办一张银行卡。
    女：好的。您的护照带了吗？办银行卡必须要护照。
    男：我的护照在家里。
    问：**男的今天能办银行卡吗？**

32. 女：这部电影真是太好了。
    男：对啊，我都哭了。
    女：如果这部电影里的事儿是真的就好了。
    男：你还不知道吗？这部电影就是什真事儿。
    问：**关于这部电影，我们可以知道什么？**

33. 男：你想找一个什么样的男朋友？
    女：我的男朋友，个子要不高也不矮，不胖也不瘦，长得很帅，钱当然也不能少。
    男：要求也太高了！
    女：我一定能找到这样的！
    问：**男的觉得女的的要求怎么样？**

34. 女：快点走吧，火车马上到了。
    男：等等我。现在几点了？
    女：十二点。
    男：还有半个小时了，真要快点儿了。
    问：**火车最可能什么时候到？**

35. 男：昨天老师留的作业你都做完了吗？
    女：做完了。
    男：给我看看吧，有几道题我不会做。
    女：今天没有数学课，我就没带过来。
    问：**他们现在最有可能在哪儿？**

36. 女：我爸爸说还是德国的啤酒最好喝。
    男：对啊，很多别的国家的人来我们国家喝啤酒，买啤酒。
    女：下次你能带一点儿回来吗？
    男：当然可以。
    问：**男的是哪国人？**

37. 男：这么多菜！有人要来咱们家吗？
    女：有客人要来，你爸爸的朋友和他的家人。
    男：我认识吗？
    女：你不认识，他们上个月搬到这儿的。
    问：**谁要来他们家？**

38. 女：您好，我想换一下这条裤子。
    男：怎么了？裤子有问题吗？
    女：我发现这条裤子的颜色不是我想要的。
    男：好的，那您想要什么颜色的？
    问：**女的为什么要换裤子？**

39. 女：您好，这个菜是不是坏了？
    男：不可能的，这是五分钟以前做好的。
    女：你是说我的嘴出问题了？
    男：没有，您不要生气，我给您再做一次。
    问：**女的现在怎么样？**

40. 男：我还不太了解中国的文化，看见你爸爸妈妈以后，我应该怎么叫他们？
    女：叫"叔叔"和"阿姨"就可以。
    男：见到你的爷爷和奶奶呢？
    女：跟我一样，也叫"爷爷"和"奶奶"，我跟他们说了很多关于你的事，他们看见你一定很高兴。
    问：**他们要去哪儿？**

HSK 모의고사 제6회 답안

一. 听力

1. F 2. A 3. B 4. E 5. C 6. E 7. D 8. C 9. B 10. A

11. √ 12. × 13. × 14. × 15. × 16. √ 17. √ 18. × 19. × 20. √

21. C 22. A 23. A 24. C 25. A 26. A 27. A 28. B 29. A 30. C

31. A 32. A 33. B 34. B 35. A 36. B 37. B 38. A 39. B 40. A

二. 阅读

41. E 42. D 43. B 44. C 45. F 46. E 47. B 48. C 49. D 50. A

51. F 52. D 53. C 54. B 55. A 56. F 57. E 58. C 59. B 60. A

61. C 62. A 63. B 64. B 65. B 66. C 67. A 68. C 69. B 70. B

三. 书写

71. 我相信他能做好。/ 他相信我能做好。

72. 他决定去中国学习汉语。

73. 我想学开车。

74. 明天会比今天更冷。

75. 他把书放在桌子上了。

76. 日   77. 像   78. 干   79. 天   80. 它

HSK 모의고사 제6회 듣기 대본

第一部分

一共10个题，每题听两次。

例如：男：喂，请问王老师在吗？
　　　女：对不起，你打错了。

现在开始第1到5题：

1. 男：都八点半了，她怎么还没起床？
   女：她感冒了，今天不去上班。

2. 男：我要去公园，怎么走？
   女：坐7路公交车。

3. 男：老师明天要结婚，你去吗？
   女：我有事，不去了。

4. 男：你在看什么呢？有意思吗？
   女：我在看电视，很有意思。

5. 男：我最近牙很疼，怎么办？
   女：睡觉之前刷牙就不疼了。

现在开始第6到10题：

6. 男：老师，这个礼物是我们大家送给您的。祝您生日快乐，身体健康。
   女：谢谢你们！

7. 女：我不会做这个练习题。
   男：没关系，我教你，很简单。

8. 女：别害怕，让我看看你的眼睛。
   男：医生，怎么样？它没事吧？

9. 女：那本书是你的吗？左边的这本？
   男：不是这本，是中间那本蓝色的。

10. 女：你知道那个人的名字吗？
    男：哪个？你说的是11号吗？他叫姚明。

第二部分

一共10个题，每题听两次。

例如：为了让自己更健康，他每天跑步跑一个小时。
　　　★ 他希望自己很健康。

今天我想早点儿回家。看了看手表，才5点。过了一会儿再看表，还是5点，我这才发现我的手表不走了。
★ 那块儿手表不是他的。

现在开始第11题：

11. 哥哥打算下个月搬家，他的新家离汽车站很近，不到五百米，走路五分钟，很方便。
    ★ 哥哥准备搬家。

12. 她很少去饭馆吃饭，更愿意在家吃，可以一边吃饭一边看电视。
    ★ 她经常去饭馆吃饭。

13. 他不太喜欢看电影，今天和朋友出去看电影，看到一半就睡着了。
    ★ 他喜欢看电影。

14. 我二零一零年来北京参加工作，在学校图书馆工作三年后，今年才来到这家银行。
    ★ 他现在在图书馆工作。

15. 前天是一月二十四号，妈妈去学校看了姐姐表演的节目，她穿着粉红色的裙子，漂亮极了。
    ★ 她穿着绿色的裙子。

16. 你去把桌子上的咖啡拿过来，我去洗几个杯子。如果你不想喝咖啡，那就喝茶吧。
    ★ 咖啡在桌子上。

17. 那个电影院离我家很近，而且不太贵，每次去看电影，我都会去那儿。
    ★ 他认为那个电影院不错。

18. 今天天气真好，不刮风，也不下雨，我们去公园玩儿吧！
    ★ 他们要去学校。

19. 这个电脑我去年买的时候要四千多块，现在便宜了很多。
    ★ 这个电脑现在卖五千多。

20. 在中国东北，冬天特别冷。但在南方，冬天不冷，所以人们喜欢去南方旅游。
    ★ 中国东北冬天很冷。

第三部分

一共10个题，每题听两次。

例如：男：小王，我一会儿想去看电影，你有时间吗？
      女：对不起，我一会儿有朋友过来，咱们下次再去吧！
      问：男的想让小王做什么？

现在开始第21题：

21. 女：王老师，办公室里那件蓝色的衬衫是您的吗？
    男：不是，那是学生的。
    问：那件衬衫在哪儿？

22. 女：今天买的葡萄很甜，你要不要来一个？
    男：不吃了，已经刷牙了。
    问：男的为什么不吃葡萄了？

23. 女：这个小猫是你画的吗？真可爱，是谁教你的？
    男：没人教我，是我自己学的。
    问：男的画的是什么？

24. 男：你和男朋友是怎么认识的？
    女：是别人介绍的，我有个叔叔是他的邻居。
    问：关于女的，可以知道什么？

25. 男：你的脚还没好，明天就别去跑步了。
    女：好，那我就在家看看电影，上上网。
    问：女的为什么不去跑步？

26. 女：爸爸喜欢那个新买的手机吗？
    男：喜欢，他说很好用，他很满意。
    问：爸爸觉得那个手机怎么样？

27. 男：喂，你好，请问陈先生在吗？
    女：他现在不在公司，可能明天才能回来。
    问：关于陈先生，可以知道什么？

28. 男：你的照相机太旧了，该换个新的了。
    女：是的，我打算周末就去买个新的，你跟我一起去吗？
    问：周末女的想做什么？

29. 男：后天考试，复习得怎么样？
    女：还可以，希望考试不要太难。
    问：关于女的，可以知道什么？

30. 男：放学的时候记得把教室的灯关了。
    女：好的，我知道了。
    问：他们现在在哪儿？

第四部分

一共10个题,每题听两次。

例如:女:晚饭做好了,来吃饭。
　　　男:等一会儿,比赛快结束了。
　　　女:快点儿吧,菜凉了就不好吃了。
　　　男:你先吃吧,我一会儿就看完了。
　　　问:男的在做什么?

现在开始第31题:

31. 女:我喜欢数学,不喜欢中文课。
    男:为什么?中文也很有意思啊!
    女:有意思?我觉得很难啊。
    男:别担心,我可以帮助你。
    问:**女的认为中文怎么样?**

32. 女:苹果怎么卖?
    男:八块一斤。
    女:给我来三斤吧。
    男:好的。您还要别的吗?
    问:**苹果多少钱一斤?**

33. 男:你要回学校吗?
    女:是,请问有什么事吗?
    男:你能帮我给王老师带个东西吗?
    女:没问题。
    问:**男的想要女的做什么?**

34. 男:你明天几点的火车?
    女:早上九点一刻的。
    男:那你要早点儿起床,你家离火车站很远。
    女:没关系,我坐地铁去,很快。
    问:**女的明天坐几点的火车?**

35. 男:服务员,这个杯子坏了,你帮我换个新的吧。
    女:对不起,先生,我马上就换一个。
    男:谢谢你!
    女:不客气。
    问:**男的要求换什么?**

36. 女:对不起,我后天不能和你们出去游泳了。
    男:为什么?
    女:我女儿生病了,我要照顾她。
    男:她现在好点儿了吗?
    女:好多了。
    问:**女的为什么不能出去游泳了?**

37. 女:二十三层太高了,爷爷都不敢往下看了。
    男:我知道了。那我们再看看别的房子。
    女:要楼层低一点儿的。
    男:没问题,这边有个三层的,我们去看看吧。
    问:**女的想要什么样子的房子?**

38. 男:你怎么去了这么久?
    女:因为今天是周末,来电影院的人特别多。
    男:票买到了吗?
    女:买到了。
    问:**女的为什么买票花了很长时间?**

39. 男:礼物买好了,我们去喝杯咖啡吧。
    女:好的,这儿有咖啡馆吗?
    男:没有,图书馆附近有。快,车来了。
    女:等等我。
    问:**他们要去哪儿?**

40. 男:奶奶,羊肉放在哪儿呢?
    女:你帮我拿到冰箱里去吧。你饿了吗?
    男:有点儿饿了。
    女:那吃个面包吧。
    问:**关于男的,可以知道什么?**

HSK 모의고사 제7회 답안

一. 听力

1. C 2. E 3. F 4. A 5. B 6. D 7. C 8. A 9. B 10. E

11. √ 12. √ 13. × 14. × 15. √ 16. × 17. √ 18. √ 19. × 20. ×

21. C 22. A 23. A 24. B 25. A 26. C 27. B 28. A 29. C 30. C

31. B 32. B 33. B 34. B 35. A 36. A 37. B 38. A 39. C 40. A

二. 阅读

41. C 42. D 43. F 44. B 45. E 46. E 47. A 48. B 49. C 50. D

51. A 52. C 53. D 54. F 55. B 56. A 57. C 58. E 59. F 60. B

61. B 62. B 63. A 64. A 65. A 66. C 67. B 68. C 69. B 70. B

三. 书写

71. 学校东边是银行。/ 银行东边是学校。

72. 我只有十块钱。

73. 节目已经结束了。

74. 那本书被买走了。

75. 他把作业做完了。

76. 冰   77. 少   78. 问   79. 辆   80. 很

HSK 모의고사 제7회 듣기 대본

第一部分

一共10个题，每题听两次。

例如：男：喂，请问王老师在吗？
　　　女：对不起，你打错了。

现在开始第1到5题：

1. 男：现在我们开始做菜，先放水，然后放鱼。
   女：那什么时候放糖呢？

2. 男：你喜欢什么运动？
   女：我喜欢游泳。

3. 男：你每天都坐地铁上下班吗？
   女：是啊，很方便。

4. 男：你怎么突然生病了？感冒了？
   女：嗯，有点儿发烧，头特别疼。

5. 男：你的中文说得真好，是谁教你的？
   女：是我的邻居，他是一个中国人。

现在开始第6到10题：

6. 男：别着急，你在找什么照片啊？
   女：不找照片，找手表，手表被你放在哪儿了？

7. 男：我马上就要下课了，你们现在在哪儿呢？
   女：我们就在医院附近的那个饭馆儿，你上个月来过。

8. 男：冰箱里还有苹果吗？
   女：没有苹果了，我昨天买了三斤香蕉，你吃吗？

9. 女：明天是第一天上学，我穿这条裙子怎么样？
   男：这条颜色不太好，还是穿哥哥上星期给你买的那件吧！

10. 女：都买了吗？看看还有什么东西没买。
    男：我看看，还差苹果和葡萄没买。

第二部分

一共10个题，每题听两次。

例如：为了让自己更健康，他每天跑步跑一个小时。
★ 他希望自己很健康。

今天我想早点儿回家。看了看手表，才5点。过了一会儿再看表，还是5点，我这才发现我的手表不走了。
★ 那块儿手表不是他的。

现在开始第11题：

11. 我很喜欢我的邻居，她是一个又聪明又漂亮的孩子，对大家很热情，学习也很努力。
★ 我很喜欢我的邻居。

12. 弟弟家附近有个公园，公园里有很多花，还有很多大树。
★ 弟弟家附近有树。

13. 这个问题很容易解决，打电话或者写电子邮件都可以。
★ 这个问题很难解决。

14. 哥哥希望我花时间认真地看一看这个电影,他说电影里的故事对他影响很大。
    ★ 哥哥觉得这个电影一般。

15. 她是那个阿姨的女儿,长得很漂亮。
    ★ 阿姨的女儿很漂亮。

16. 冬天很冷,我需要经常锻炼才不会感冒。
    ★ 他感冒了。

17. 因为快结婚了,小王很忙,这几天没有休息好,眼睛都快跟熊猫一样了。
    ★ 小王最近要结婚。

18. 他从小就对唱歌非常感兴趣,所以他决定参加唱歌比赛。
    ★ 他喜欢唱歌。

19. 因为八点半以后,公园里的人就很多了,爷爷不喜欢人多,所以他每天早上六点起床,六点半去公园。
    ★ 爷爷每天八点半去公园。

20. 我昨天在饭店的洗手间里看到一张信用卡,我想别人一定很着急,就把它给了饭店经理。
    ★ 他在饭店门口看到一张信用卡。

第三部分

一共10个题,每题听两次。

例如:男:小王,我一会儿想去看电影,你有时间吗?
　　女:对不起,我一会儿有朋友过来,咱们下次再去吧!
　　问:男的想让小王做什么?

现在开始第21题:

21. 男:我刚才去开会了,你打电话有什么事吗?
    女:有朋友来了,你下班早点儿回家。
    问:女的为什么让男的早点儿回家?

22. 男:冬天去哪儿旅游比较好?
    女:当然是去东北,我们去年就是这个时候去的。
    问:男的要做什么?

23. 男:我的眼睛还是很疼,昨天吃的药没什么作用。
    女:那我们一会儿去附近的医院检查一下吧。
    问:女的让男的做什么?

24. 女:你觉得这条裙子怎么样?
    男:我记得你已经有三条这样的裙子了。
    问:男的是什么意思?

25. 男:这件衬衫真漂亮,是给您丈夫买的?
    女:不是,是给我儿子买的,明天是他的生日。
    问:女的为什么买衬衫?

26. 男:你的家离公司很远吧?
    女:是很远,我坐公共汽车一个小时才能到家。
    问:女的的家离公司远吗?

27. 女:今天上午的飞机是几点的?
    男:十点,还没到时间,还要等二十分钟。
    问:现在几点了?

28. 男:你好,请问一下,附近有饭馆儿吗?
    女:医院附近有一个,在医院的东边。
    问:饭馆儿在哪儿?

29. 男：你的汉语作业做完了吗？我有三个
       题不会做。
    女：我做完了，但我想吃完饭再教你，
       好吗？
    问：**关于男的，可以知道什么？**

30. 男：我买了几斤苹果，来吃点儿吧，特
       别新鲜。
    女：谢谢，那我就不客气了。
    问：**女的是什么意思？**

第四部分

一共10个题，每题听两次。

例如：女：晚饭做好了，来吃饭。
      男：等一会儿，比赛快结束了。
      女：快点儿吧，菜凉了就不好吃了。
      男：你先吃吧，我一会儿就看完了。
      问：**男的在做什么？**

现在开始第31题：

31. 男：机票买好了？
    女：还没有。坐飞机虽然快，但是太贵
       了。
    男：那我们坐火车吧。你去买两张火车
       票，后天下午的。
    女：好的，我现在就去。
    问：**女的要做什么？**

32. 男：地铁来了，您小心点儿。
    女：谢谢你送我回来。
    男：大家都是朋友，您不用这么客气。
       您的手现在怎么样？
    女：好多了，谢谢你。
    问：**关于女的，可以知道什么？**

33. 男：你有没有觉得公园的花突然就开
       了？
    女：是啊，前几天树还没绿呢。
    男：春天来了，天气一下子就热了。
    女：我看我应该把裙子找出来了。
    问：**女的为什么要找裙子？**

34. 男：喂，是小陈吗？
    女：是我，王经理，您有什么事？
    男：我明天九点要去机场接个人。
    女：好的，我知道了，我让司机明天去
       公司接您。
    问：**谁去接王经理？**

35. 男：穿红裙子的是你妹妹吗？她和你长
       得真像。
    女：大家都这么说。但是我妹妹比我
       瘦。
    男：你们有什么相同的爱好吗？
    女：我们都喜欢游泳、看书。
    问：**关于女的，可以知道什么？**

36. 男：这是你买的蛋糕吗？
    女：大的是我买的，小的是哥哥买的。
    男：真好吃，可以回家了吗？
    女：还不能，我还想买些咖啡。
    问：**女的还准备买什么？**

37. 男：你要去中国旅游吗？
    女：是的，我想下个月去。
    男：太好了，别忘记给我带礼物。
    女：好的，不会忘的。
    问：**关于女的，可以知道什么？**

38. 男：你刚才去哪儿了？
    女：我去公司附近的公园了。
    男：我也喜欢这个公园，环境很好。
    女：是啊，有树，有花，还有很多小
       鸟。
    问：**女的去哪儿了？**

39. 男：奇怪，我的脚怎么这么疼？
    女：是吗？昨天去公园踢足球了？
    男：没有，我和邻居去打篮球了。
    女：那就不奇怪了，你太长时间没运动了。
    问：**男的怎么了？**

40. 男：你最近身体怎么样？
    女：不太好，我最近吃得很少。
    男：为什么？
    女：我希望瘦点儿。
    男：胖瘦不重要，健康最重要。
    问：**关于女的，我们可以知道什么？**

HSK 모의고사 제8회 답안

一. 听力

1. E   2. B   3. F   4. A   5. C   6. B   7. D   8. E   9. A   10. C

11. ×   12. ×   13. ×   14. ×   15. √   16. ×   17. ×   18. ×   19. √   20. √

21. C   22. C   23. B   24. A   25. C   26. B   27. A   28. C   29. C   30. C

31. B   32. C   33. B   34. B   35. A   36. A   37. A   38. C   39. C   40. C

二. 阅读

41. E   42. F   43. D   44. B   45. C   46. A   47. B   48. C   49. D   50. E

51. C   52. F   53. B   54. A   55. D   56. B   57. A   58. C   59. F   60. E

61. B   62. B   63. A   64. C   65. B   66. B   67. A   68. C   69. B   70. A

三. 书写

71. 我认为应该这么做。

72. 现在妹妹还在写作业。 / 妹妹现在还在写作业。

73. 他看着电视吃饭。

74. 我的葡萄被小万吃了。

75. 学校西边是一个很大的图书馆。 / 图书馆西边是一个很大的学校。

76. 刚   77. 心   78. 面   79. 上   80. 洗

HSK 모의고사 제8회 듣기 대본

第一部分

一共10个题，每题听两次。

例如：男：喂，请问王老师在吗？
　　　女：对不起，你打错了。

现在开始第1到5题：

1. 女：你经常来这儿踢足球吗？
   男：不是，我的同事经常来。

2. 男：奶奶，你在做什么？
   女：我在发电子邮件。

3. 男：这是什么咖啡？真好喝！
   女：我也不知道，朋友旅游的时候给我买的。

4. 女：我的那条裙子您放哪儿了？
   男：我在工作，一会儿给你拿。

5. 女：我很喜欢爬山，每次都能遇到很多人。
   男：我也是，有时间一起去吧。

现在开始第6到10题：

6. 女：你看看，只有四十分钟了，我们快要迟到了。
   男：没关系，不会迟到的，我们打车二十分钟就能到。

7. 女：爸爸，您再给我讲个故事吧。
   男：好的，那就再讲一个熊猫和小狗的故事。

8. 女：你前天买的帽子怎么样？
   男：很漂亮，我很满意。

9. 男：教室里的空调怎么坏了？
   女：对不起，我不太清楚。

10. 女：请您把名字写在这儿，用铅笔写。
    男：好的，姓要写在后面还是前面？

第二部分

一共10个题，每题听两次。

例如：为了让自己更健康，他每天跑步跑一个小时。
★ 他希望自己很健康。

今天我想早点儿回家。看了看手表，才5点。过了一会儿再看表，还是5点，我这才发现我的手表不走了。
★ 那块儿手表不是他的。

现在开始第11题：

11. 因为我决定要去中国公司工作，所以我每天都努力学习中文，我希望明年可以去。
★ 他在中国工作。

12. 爷爷很奇怪，他总是担心蛋糕不干净，不让我们买。因为他觉得自己做的最好吃。
★ 爷爷喜欢买蛋糕。

13. 我去年春天在上海的时候就看过这本书了，很有意思。你喜欢看吗？
★ 他觉得这本书很一般。

14. 我以前害怕喝啤酒，我喝一点儿啤酒就不舒服，想睡觉。现在我每天喝就不害怕了，就是担心我的身体。

★ 我现在不喝啤酒。

15. 哥哥不太喜欢锻炼，昨天和姐姐去公园跑步，跑了一千米就觉得累。
    ★ 哥哥不喜欢跑步。

16. 昨天校长开会要求老师们今天穿皮鞋。我今天起床后忘记了，后来同事借给我一双皮鞋。到现在我还是不明白为什么今天要穿皮鞋。
    ★ 我每天都穿皮鞋。

17. 我去过很多国家，在很多地方旅游过。但是如果你问我，我最喜欢哪里，我一定会说，我最喜欢北京。
    ★ 他最不喜欢北京。

18. 明天放假，叔叔让我去他家玩儿，可是我还没有完成作业，所以我还是不去了。
    ★ 他打算明天去叔叔家。

19. 我马上就要回中国了，以后我们见面的机会就很少了。以后如果你有什么事情，可以给我打电话或者写电子邮件。
    ★ 他快回国了。

20. 现在人们很少走路，上下班不是开车就是坐车，我们已经习惯不运动了。如果哪一天突然没有了车，我们该怎么办？
    ★ 人们已经离不开车了。

第三部分

一共10个题，每题听两次。

例如：男：小王，我一会儿想去看电影，你有时间吗？
　　　女：对不起，我一会儿有朋友过来，咱们下次再去吧！
　　　问：男的想让小王做什么？

现在开始第21题：

21. 男：请你来回答一下这个问题。
    女：对不起，老师我没听懂这个问题。
    问：关于女的，可以知道什么？

22. 女：我照相机里的照片怎么没了？
    男：我没动你的照相机，你去问问别人吧。
    问：男的什么意思？

23. 女：我觉得这么做，经理是不会满意的。
    男：是吗？那你有什么更好的办法来解决这个问题？
    问：女的认为这个办法怎么样？

24. 女：这些碗和筷子都是要洗的吗？
    男：不不，蓝色的碗是干净的，不用洗，其他的都要洗。
    问：男的不让洗什么？

25. 女：你从网上买的那件衬衫呢？怎么没见你穿？
    男：那件衬衫我穿着有点儿大，给我哥哥了。
    问：男的把那件衬衫给谁了？

26. 女：我刚才在外面走，伞突然就被风刮坏了。
    男：嗯，今天的风是很大。
    问：天气怎么样？

27. 女：我听王老师说你最近身体不舒服，怎么了？
    男：没什么，上星期有点儿发烧，现在已经好多了。
    问：男的现在怎么样？

28. 男：您的房间是九四零，您早点儿休息吧。
    女：好的，谢谢你，明天见。
    问：他们最可能在哪儿？

29. 男：我来做饭，你去工作吧。

女：没关系，我来做。你把桌子上的菜放进厨房就可以了。

问：**桌子上有什么？**

30. 男：我周末打算骑自行车去玩儿，你想去吗？

    女：对不起，我想去银行办信用卡。

    问：**女的周末可能做什么？**

第四部分

一共10个题，每题听两次。

例如：女：晚饭做好了，来吃饭。

　　　男：等一会儿，比赛快结束了。

　　　女：快点儿吧，菜凉了就不好吃了。

　　　男：你先吃吧，我一会儿就看完了。

　　　问：**男的在做什么？**

现在开始第31题：

31. 男：这里以前是一条河，现在是一个学校。

    女：真的吗？我不相信。

    男：真的，历史书上写的。

    女：这里变化真大。

    问：**这里以前是什么？**

32. 女：我昨天去机场的时候哭了。

    男：为什么？

    女：因为我马上就要离开中国了。

    男：不要难过，你可以再回中国。

    问：**女的为什么哭了？**

33. 男：哥哥明天结婚，你穿哪条裙子？

    女：就右边这条蓝色的吧，很漂亮。

    男：这件颜色好看吗？

    女：那穿中间红色的吧，这件也可以。

    问：**女的决定穿哪条裙子？**

34. 男：你作业写完了吗？

    女：还没有，我吃完饭再写作业。

男：今天我们吃什么？

女：今天我们吃面条。

问：**他们今天吃什么？**

35. 男：喝杯咖啡吧。这是我去超市给你买的咖啡，很好喝。

    女：谢谢，我要吃药，不能喝咖啡了。

    男：好，那喝杯水吧。

    女：好的。

    问：**女的为什么不喝咖啡？**

36. 女：爸，我跟朋友去游泳了。

    男：你明天不是要考试吗？

    女：没关系，我学习太累了，玩儿一会儿就回来。

    男：好吧，记得回家吃饭。

    问：**关于女的，可以知道什么？**

37. 女：除了小李，大家都来了？

    男：小李没来？他怎么了？

    女：他不舒服，今天可能晚点儿过来。

    男：不等他了，我们先举行会议。

    问：**小李怎么了？**

38. 女：你这次汉语考试考得怎么样？

    男：95分，你呢？

    女：我考得不好，64分，我只会做选择题。

    男：慢慢来。别着急。

    问：**关于女的，可以知道什么？**

39. 男：你去锻炼了？

    女：没有，我去饭馆儿吃了面条。

    男：没吃蛋糕？

    女：没吃，我不喜欢吃。

    问：**关于女的，可以知道什么？**

40. 男：你好，九点半的电影票还有吗？

    女：九点半……有，您要几张？

    男：四张，多少钱？

    女：一共两百八。

    问：**电影票多少钱一张？**

HSK 모의고사 제9회 답안

一. 听力

1. B   2. E   3. A   4. C   5. F   6. E   7. C   8. D   9. B   10. A

11. ×   12. √   13. ×   14. ×   15. √   16. √   17. ×   18. √   19. ×   20. √

21. B   22. B   23. A   24. B   25. A   26. A   27. B   28. B   29. A   30. C

31. B   32. A   33. A   34. B   35. C   36. C   37. C   38. B   39. B   40. A

二. 阅读

41. F   42. D   43. C   44. E   45. B   46. C   47. B   48. E   49. A   50. D

51. B   52. D   53. F   54. A   55. C   56. E   57. A   58. F   59. C   60. B

61. B   62. C   63. A   64. C   65. C   66. C   67. C   68. C   69. A   70. C

三. 书写

71. 桌子上有一张世界地图。

72. 弟弟比姐姐长得高。／姐姐比弟弟长得高。

73. 我们学校的学生越来越多了。

74. 王经理送给小王一台电脑。／小王送给王经理一台电脑。

75. 叔叔爱打羽毛球。

76. 阳   77. 云   78. 元   79. 字   80. 分

HSK 모의고사 제9회 듣기 대본

第一部分

一共10个题，每题听两次。

例如：男：喂，请问王老师在吗？
　　　女：对不起，你打错了。

现在开始第1到5题：

1. 男：医生，我头疼，不知道怎么了。
   女：你感冒了，回去吃点药，睡一觉就好了。

2. 女：你的表现在几点了？
   男：我看看，现在是3点一刻。

3. 女：你的妻子很漂亮。
   男：谢谢，我们去年结婚的时候她很瘦。

4. 女：把电视打开，看看新闻。
   男：可是我今天想看球赛，今天是总决赛了。

5. 男：请问405号房间怎么走？
   女：请往这边走，左边第5个房间就是了。

现在开始第6到10题：

6. 男：你在这儿想什么呢？
   女：明天我去参加同学聚会，还不知道穿什么衣服呢。

7. 男：今天晚餐吃什么？
   女：西红柿鸡蛋面，别忘了，今天你洗碗。

8. 女：那幅画是你画的吗？
   男：不是，那是我爷爷画的。

9. 女：飞机快起飞了，我要去登机了。
   男：好吧，看好行李，你要照顾好自己。

10. 男：欢迎你来到公司。
    女：谢谢经理，来这里工作一直是我的梦想。

第二部分

一共10个题，每题听两次。

例如：为了让自己更健康，他每天跑步跑一个小时。
★ 他希望自己很健康。

今天我想早点儿回家。看了看手表，才5点。过了一会儿再看表，还是5点，我这才发现我的手表不走了。
★ 那块儿手表不是他的。

现在开始第11题：

11. 有一个健康的身体，可以做自己喜欢做的事，吃自己喜欢吃的东西。这多么幸福啊！
    ★ 吃自己喜欢吃的东西不幸福。

12. 他以前不爱吃水果和蔬菜，生病之后，医生要求他每天吃水果，现在他已经爱上水果了。
    ★ 他现在喜欢吃水果。

13. 这个手机照相功能很好，还可以听音乐，但是，手机很贵。
    ★ 手机很便宜。

14. 北京的秋天是凉爽的，没有夏天那么热，没有冬天的寒冷，北京的人们很喜欢秋天。

　　★ 北京的秋天很热。

15. 我家附近有一个公园，公园的北面是医院，银行在我家的南面。

　　★ 医院在公园的北面。

16. 他每天6点起床，7点吃早餐，8点一刻下楼开车去上班。

　　★ 他8点一刻去上班。

17. 我现在在公司，半个小时后，我们在咖啡店见面，我会在二楼等你。

　　★ 他现在在咖啡店。

18. 他以前去上海都是坐飞机去的，但是这次天气不好，他决定坐火车去上海。

　　★ 他要坐火车去上海。

19. 奶奶年轻的时候很漂亮，长长的头发，很大的眼睛，喜欢唱歌和跳舞，老了以后，也经常和邻居们一起跳舞。

　　★ 奶奶经常和邻居们一起唱歌。

20. 在机场打出租车很贵，机场里有公共汽车，两块钱就可以从机场到我家了。

　　★ 在机场打出租车很贵。

第三部分

一共10个题，每题听两次。

例如：男：小王，我一会儿想去看电影，你有时间吗？
　　　女：对不起，我一会儿有朋友过来，咱们下次再去吧！
　　　问：男的想让小王做什么？

现在开始第21题：

21. 男：你好，这本字典我可以借走吗？
　　女：对不起，您不能借走，您可以在这里看。
　　问：他们有可能在哪里？

22. 男：今天我没有课，我们去哪里玩呢？
　　女：我们去动物园吧，听说新开了一个很大的动物园，有很多动物。
　　问：关于动物园，我们知道什么？

23. 男：你最近搬家了吗？
　　女：对啊。以前坐车到公司要一个小时，现在走路15分钟就到了。
　　问：关于女的的新家，我们知道什么？

24. 女：你要去做什么？
　　男：我明天有篮球比赛，我现在和朋友们去打篮球。
　　问：明天有什么比赛？

25. 女：请问冰箱在第几层？
　　男：空调和冰箱都在第二层，从这边走。
　　问：女的想买什么？

26. 男：我们去吃饭吧，你想去哪儿吃？
　　女：我知道一个地方很好吃，就在我们学校的东边，我们走吧。
　　问：吃饭的地方在哪儿？

27. 男：你喜欢爬山吗？
　　女：比起爬山，我更喜欢跑步。我经常在公园跑步。
　　问：女的喜欢什么？

28. 女：你知道我的照相机放在哪儿了吗？我怎么找不到了？我记得我放在包里的。
　　男：那不是在桌子上吗？你拿照相机做什么？
　　问：照相机在哪儿？

29. 男："千里冰封，万里雪飘"，又下雪了。
    女：北方的雪真多啊，这是第四次下雪了，越来越冷了。
    问：**他们在哪儿？**

30. 男：你的节目准备得怎么样了？
    女：已经差不多了，但是，你能和我一起表演就更好了。
    问：**女的希望什么？**

第四部分

一共10个题，每题听两次。

例如：女：晚饭做好了，来吃饭。
    男：等一会儿，比赛快结束了。
    女：快点儿吧，菜凉了就不好吃了。
    男：你先吃吧，我一会儿就看完了。
    问：**男的在做什么？**

现在开始第31题：

31. 女：你听懂了吗？
    男：听懂了，老师，我有问题还可以问你吗？
    女：可以啊，有不懂的地方就来办公室找我。
    男：谢谢您，那我们明天见。
    问：**他们是什么关系？**

32. 男：给奶奶的生日礼物买了吗？
    女：买了，我们不是明天去奶奶家吗？
    男：明天我有点儿事，我们今天就过去。
    女：好的，那我去准备一下。
    问：**什么时候去奶奶家？**

33. 女：你怎么了？看起来很不舒服。
    男：昨天太冷了，我有点发烧。
    女：那你回去休息吧，我自己可以完成。你吃药了吗？
    男：吃过了，我还是帮你吧，一个人做太难了。
    问：**男的怎么了？**

34. 女：真对不起，周末不能陪你去看电影了。这周末我公司要开会。
    男：没关系，我们可以下周末去。
    女：那你这周末要做什么呢？
    男：我和朋友去踢足球。
    问：**男的这周末要做什么？**

35. 男：你看今天的报纸了吗？
    女：还没有，今天有什么新闻吗？
    男：报纸上说，今天这里有一个节目表演，今天是什么节日吗？
    女：哦，今天是教师节，应该是为老师们准备的。
    问：**报纸上写了什么新闻？**

36. 女：先生，请让我看一下您的护照。
    男：等一下，我的护照在我行李箱里。找到了，给你。
    女：好了，谢谢您乘坐本次飞机。祝您旅途愉快。
    男：谢谢。
    问：**他们在哪儿？**

37. 男：那个带小花园的是你家吧？
    女：不是，那是我邻居的家，我的家在左边，我家没有花园，但是很大。
    男：我知道，是在小李家前面吧？
    女：对，我和小李住得很近，经常一起吃饭。
    问：**带花园的家是谁的？**

38. 男：妈妈，这个蛋糕是你买的吗？
    女：不是，是我做的，味道怎么样？
    男：真的是太好吃了，我能多吃点吗？
    女：可以啊，但是要等爸爸回来一起吃。
    问：**关于蛋糕，可以知道什么？**

39. 男：你现在在哪儿？要下雨了。
    女：是吗？我不知道，我还没有下班。
    男：现在天很阴，还刮风，我开车去接你吧。
    女：好的，那你帮我拿一件外套，我有点冷。
    问：**现在天气怎么样？**

40. 男：你最近是不是瘦了？
    女：是啊，我最近工作很忙，都没有时间好好吃饭。
    男：工作很重要，但你也要注意身体。
    女：忙完这个月就好了，就没有这么多工作了。
    问：**女的为什么瘦了？**

新HSK 모의고사 제10회 답안

一. 听力

1. F 2. B 3. E 4. C 5. A 6. D 7. B 8. A 9. C 10. E

11. × 12. √ 13. × 14. √ 15. √ 16. × 17. × 18. √ 19. × 20. ×

21. B 22. A 23. A 24. B 25. B 26. C 27. A 28. C 29. B 30. C

31. A 32. B 33. C 34. C 35. C 36. B 37. B 38. C 39. A 40. C

二. 阅读

41. D 42. E 43. F 44. C 45. B 46. B 47. C 48. A 49. D 50. E

51. C 52. F 53. A 54. D 55. B 56. A 57. E 58. C 59. F 60. B

61. C 62. C 63. C 64. B 65. A 66. C 67. B 68. A 69. C 70. A

三. 书写

71. 把今天的报纸给我。

72. 弟弟去图书馆看书了。

73. 他总是很有办法。

74. 校长让老师们必须参加会议。

75. 这个帽子是不是他的?

76. 种   77. 写   78. 祝   79. 近   80. 信

新 HSK 모의고사 제10회 듣기 대본

第一部分

一共10个题，每题听两次。

例如：男：喂，请问王老师在吗？
　　　女：对不起，你打错了。

现在开始第1到5题：

1. 男：医生，我的药没有了，你再给开点儿吧。
   女：那你等一下。

2. 男：你的运动鞋是什么牌子的？
   女：我也不知道，我哥哥送给我的。

3. 男：你在看什么节目？很好看吗？
   女：你看那个小男孩表演得多好。

4. 男：今天周末，我们去动物园吧。
   女：好啊，我想看大熊猫。

5. 男：你在找什么？
   女：我的照相机不见了。

现在开始第6到10题：

6. 女：快点过来吃早饭。
   男：我先去刷牙。

7. 男：把眼镜给我一下，我看不清。
   女：你的眼镜在哪儿？

8. 男：你拿着行李箱，是要去旅游吗？
   女：不是，这个是我朋友借我的，我去还给他。

9. 男：你到哪里了？用不用我去接你？
   女：不用了，我已经在出租车上了。

10. 女：你爷爷年轻的时候很好的，还经常给我讲笑话呢。
    女：是吗？现在一点也看不出来。

第二部分

一共10个题，每题听两次。

例如：为了让自己更健康，他每天跑步跑一个小时。
　　　★ 他希望自己很健康。

今天我想早点儿回家。看了看手表，才5点。过了一会儿再看表，还是5点，我这才发现我的手表不走了。
★ 那块儿手表不是他的。

现在开始第11题：

11. 读书从认识单词开始。怎么认识单词？先要学会查词典。可是大部分学生都不会查词典。
    ★ 大部分学生都会查词典。

12. 每到周末,他就来我们学校。他的个子很高，有一米八三，我们学校还有几个女生喜欢上了他。
    ★ 他经常在周末的时候来我们学校。

13. 今年的生日我们就不去饭店吃了，朋友们都来我家吧，我妈妈做饭很好吃，我还要买一个大蛋糕。
    ★ 今年的生日还在饭店过。

14. 现在你应该已经在飞机上了吧？刚才的历史课上,老师讲了昨晚我们都不会的那道题，很可惜你没有听到。

★ 他要坐飞机离开了。

15. 我刚刚来到这里的时候，很不习惯，天气那么热，吃的东西又太辣了，我根本吃不下去。
    ★ 这里的东西很辣。

16. 学校食堂里的饭太难吃了，去饭店又很贵，所以我们只能吃街边的小吃了。
    ★ 外面的饭太难吃了。

17. 如果你想从车站去机场，你可以坐地铁1号线到青年大街站，再从青年大街站换乘2号线。你还可以坐出租车去，就是贵了点儿。
    ★ 从车站到机场只能坐地铁。

18. 他现在每天看新闻、听广播、读报纸，就是为了这次的普通话考试能取得好成绩。
    ★ 他很努力地练习普通话。

19. 我和我丈夫是同事，我们是在工作的时候认识的，我们认识有七年了，结婚三年多了。
    ★ 他们结婚七年了。

20. 他经常和朋友们一起出去打篮球，有时候也会一起去唱歌。虽然他歌唱得不太好，但还是挺喜欢唱的。
    ★ 他不喜欢打篮球。

第三部分

一共10个题，每题听两次。

例如：男：小王，我一会儿想去看电影，你有时间吗？
　　　女：对不起，我一会儿有朋友过来，咱们下次再去吧！
　　　问：男的想让小王做什么？

现在开始第21题：

21. 男：你的这条裙子是新买的吧，昨天我在商店里看到了，还挺贵的。
    女：前几天网上的东西很便宜，我在网上买的。
    问：他们在说什么？

22. 女：王叔叔怎么了？是因为什么事儿生气了吗？
    男：没有，他昨天去看他女儿了，回来的时候晕车了，今天还不舒服呢。
    问：王叔叔怎么了？

23. 女：您好，请问您需要什么服务？
    男：你们还有双人的房间吗？我想订两间，明天入住。
    问：他们在哪儿？

24. 男：你先进来坐吧，我妹妹还在睡觉，我去叫她。你要喝点什么吗？
    女：不用了，谢谢，可以让她快一点吗？我们上课快要迟到了。
    问：女的要和谁一起去上课？

25. 女：我陪您去医院检查检查吧，您最近看起来脸色不好。
    男：明天你妈妈陪我去，你快去工作吧。
    问：他们最有可能是什么关系？

26. 男：最近的雨越来越多了，天气也越来越冷了。
    女："一场秋雨一场寒"，该加衣服了。
    问：现在可能是什么季节？

27. 男：你干什么呢？怎么才给我开门？
    女：我刚刚在打扫房间，手上有点脏，先去洗了手。
    问：女的刚刚在做什么？

28. 男：你今天几点下课？晚上我们一起去喝咖啡吧。

女：我今天三点半下课，可是我要先回家看书，六点以后我们咖啡店见，好吗？

问：他们晚上要一起干什么？

29. 男：我忘了今天不上班，一大早我就起床了，到了公司才想起来。

女：是吗？我说今天你怎么起得那么早，我以为你有什么事儿呢。

问：男的忘记了什么？

30. 男：你每天怎么上班啊？坐地铁还是开车？

女：我骑自行车，路上的车太多了，还是骑自行车比较快呢。

问：女的怎么上班？

第四部分

一共10个题，每题听两次。

例如：女：晚饭做好了，来吃饭。
男：等一会儿，比赛快结束了。
女：快点儿吧，菜凉了就不好吃了。
男：你先吃吧，我一会儿就看完了。

问：男的在做什么？

现在开始第31题：

31. 男：你什么时候从国外回来的？
女：昨天回来的。
男：那今晚有没有时间？一起吃个饭吧！好长时间没见了。
女：我今晚有时间，咱们老地方见吧。

问：女的从哪儿回来的？

32. 男：你在这儿做什么呢？怎么还没回家？
女：我想取钱，可是我找不到银行了，我记得这里有一个银行的。

男：你记错了，银行不在这条街上，你在下个路口左转，再直走，就在商场的旁边。

女：哦，我说怎么找不到呢，真是太谢谢你了。

问：银行在哪儿？

33. 男：这张照片里的小女孩儿是你吗？好可爱啊。
女：是我，我左边的是我姐姐。
男：我不知道你有姐姐，我从来没有见过她。
女：她已经结婚了，现在在上海工作，很少回北京，你当然没见过了。

问：谁在上海工作？

34. 男：你好，请坐。不要紧张，准备好了吗？
女：谢谢，准备好了。
男：你认为这个工作最重要的是什么？
女：耐心。我认为当老师一定要对学生有耐心，才能做好这份工作。

问：女的在做什么？

35. 男：中午我们去哪儿吃饭？
女：今天中午不能和你一起吃饭了，我的工作太多了，中午吃个面包就行了。
男：那怎么行，身体很重要，你应该按时吃饭。
女：我知道，我忙完就去吃饭，你先去吧。

问：女的中午吃什么？

36. 男：我有些问题想问你，你今天有时间吗？
女：我现在有点事儿，你明天下课之后来我办公室吧。
男：你的办公室在哪儿？
女：三楼的第一个房间，门上有我的名字。

问：根据对话，我们知道什么？

37. 女：先生，请问你要点什么？
    男：我要一份羊肉和两份鸡蛋面条。
    女：好的，喝的要什么？
    男：两杯绿茶。
    问：他们在哪儿？

38. 男：孩子们去哪儿了？一天没看见他们了。
    女：你不知道吗？他们去看望爷爷奶奶了。
    男：他们今天回来吗？
    女：我也不确定，打个电话问问吧。
    问：孩子们什么时候回来？

39. 男：几点了？我的手机没电了，不知道现在几点了。
    女：差十分5点，你有什么事儿吗？这么着急。
    男：我要去接我儿子，我得先走了，他应该放学了。
    女：学校4点一刻就放学了，你快点去吧，别让孩子等着急了。
    问：现在几点了？

40. 男：我周末去爬山了，到了山上才知道我们的城市太美了。
    女：你和谁去的？怎么没听你说过啊？
    男：我同学，我们还去唱歌了，玩到很晚才回家。
    女：老同学们在一起一定很开心，时间也过得很快。
    问：男的和谁一起去爬山了？

HSK 모의고사 제11회 답안

一. 听力

1. F 2. A 3. E 4. C 5. B 6. E 7. C 8. A 9. B 10. D
11. × 12. √ 13. √ 14. × 15. × 16. × 17. √ 18. √ 19. × 20. √
21. A 22. B 23. C 24. B 25. A 26. C 27. A 28. C 29. B 30. A
31. B 32. C 33. A 34. B 35. B 36. A 37. C 38. B 39. C 40. A

二. 阅读

41. F 42. C 43. B 44. D 45. E 46. B 47. D 48. A 49. E 50. C
51. C 52. D 53. F 54. B 55. A 56. C 57. E 58. B 59. A 60. F
61. A 62. B 63. C 64. C 65. A 66. B 67. C 68. C 69. A 70. B

三. 书写

71. 妈妈去超市买东西了。

72. 人们的生活越来越好了。

73. 天突然下起了雨。／ 突然天下起了雨。

74. 火车站旁边有一家饭馆。

75. 我把书放在书包里。

76. 打   77. 千   78. 岁   79. 少   80. 只

HSK 모의고사 제11회 듣기 대본

第一部分

一共10个题，每题听两次。

例如：男：喂，请问王老师在吗?
　　　女：对不起，你打错了。

现在开始第1到5题：

1. 女：您好，我是来还书的，我想再借几本。
   男：没问题，你可以随便看。

2. 男：电视节目怎么没有了?
   女：电视可能坏了，明天去买台新的。

3. 男：发烧了多喝点水，多休息。
   女：我这就去睡一会。

4. 男：我去洗碗吧，你今天太累了。
   女：你真是太好了，谢谢你。

5. 男：你在做什么?
   女：你看看我写的这段行不行。

现在开始第6到10题：

6. 男：经理让你现在去他的办公室，有急事找你。
   女：我这就去，你知道什么事儿吗?

7. 男：你下飞机了给我打电话，我去接你。
   女：好的，飞机马上起飞了，我们一会儿见。

8. 男：这件毛衣挺好看的，你试试。
   女：这个颜色我不太喜欢，给我换个颜色。

9. 男：妈妈，这个字读什么?
   女：我们来查查字典，你应该学会自己查字典。

10. 男：我想去北京语言大学，请问我要坐哪路车?
    女：203路公共汽车到那儿，你要在西直门站换车。

第二部分

一共10个题，每题听两次。

例如：为了让自己更健康，他每天跑步跑一个小时。

★ 他希望自己很健康。

今天我想早点儿回家。看了看手表，才5点。过了一会儿再看表，还是5点，我这才发现我的手表不走了。

★ 那块儿手表不是他的。

现在开始第11题：

11. 今年是2月13号开学，我11号就回学校。

★ 2月11号开学。

12. 走，我们去打篮球，这是我妈妈给我买的新球鞋。

★ 球鞋是新买的。

13. 今天中秋节，大家都会回到家里，和家人们一起吃个饭，看看月亮。

★ 中秋节的时候家人会一起看月亮。

14. 我爸爸已经同意我去留学了，下个月就要走了。
    ★ 他爸爸不同意他去留学。

15. 他家有两个女孩儿，姐姐已经上大学了，妹妹还在读高中，她们俩的成绩都很好。
    ★ 妹妹已经读大学了。

16. 他平时的爱好很多，喜欢唱歌跳舞，篮球足球都玩得不错。
    ★ 他有很多朋友。

17. 二月里多风，让人觉得不舒服，但是它也让这个世界变绿了，变漂亮了。
    ★ 二月经常刮风。

18. 他今天去买车了，但是没有买成。因为喜欢的车太贵，而便宜的又不喜欢。
    ★ 他今天没有买到车。

19. 不同的水果对身体的好处也不一样，如果你觉得每天吃那么多种水果麻烦，就把它们做成果汁，这样会方便很多。
    ★ 不能把水果做成果汁喝。

20. "北京欢迎你"是2008最受欢迎的一首歌，那一年是北京奥运会，我正好18岁。
    ★ 他18岁的时候北京举办了奥运会。

第三部分

一共10个题，每题听两次。

例如：男：小王，我一会儿想去看电影，你有时间吗？
女：对不起，我一会儿有朋友过来，咱们下次再去吧！
问：男的想让小王做什么？

现在开始第21题：

21. 男：这次的机会很难得，我一定会努力的。
    女：不要紧张，能够去参加比赛就已经很厉害了。
    问：男的要去做什么？

22. 男：老师，现在几点了？离考试结束还有多长时间？
    女：现在是10点过5分，还有30分钟考试结束。
    问：考试几点结束？

23. 男：你怎么了？没坐电梯上来吗？
    女：电梯坏了，我走楼梯上来的，真是太累了。
    问：女的怎么上来的？

24. 男：你家在这附近住吗？这儿的环境真好。
    女：对啊，这里很安静，而且离公司很近。
    问：女的住的地方怎么样？

25. 男：你在哪儿呢？我已经到了，今天穿了一件红色的衣服。
    女：你别动了，我已经看见你了。
    问：男的穿的是什么颜色的衣服？

26. 男：这是我们公司新的同事，叫小李，刚刚读完大学。
    女：欢迎你，有什么不懂的地方可以问我，别客气。
    问：关于小李，可以知道什么？

27. 男：外边下雨了，你走的时候带把雨伞。
    女：知道了，我已经放在书包里了。
    问：天气怎么样？

28. 男：几天没见，你怎么瘦了这么多？发生什么事儿了吗？

女：没发生什么事儿，这几天有点感冒，没怎么吃东西。

问：女的怎么了？

29. 男：你看见我的手表了吗？我记得我放在桌子上了。
    女：那不是在你的手上吗？还找什么啊？
    问：**手表在哪儿？**

30. 男：麻烦拿一份菜单好吗？我们想再点几个菜。
    女：好的，我去给您拿。
    问：**他们有可能在哪里？**

第四部分

一共10个题，每题听两次。

例如：女：晚饭做好了，来吃饭。
　　　男：等一会儿，比赛快结束了。
　　　女：快点儿吧，菜凉了就不好吃了。
　　　男：你先吃吧，我一会儿就看完了。
　　　问：**男的在做什么？**

现在开始第31题：

31. 男：下周我们出去走走吧，天天在家里太没意思了。
    女：你想好去哪里了吗？
    男：我想去海边，还可以坐船。
    女：海边挺好的，可以游泳。
    问：**他们下周要去哪里？**

32. 男：坐那么远的地方我看不清楚，我们应该选一个近一点的座位。
    女：你今天没有带眼镜吗？
    男：我的眼镜坏了，我还没去买新的呢。
    女：那就这个吧，这个是最前边了。

问：**男的的眼镜怎么了？**

33. 男：你来北京的这些日子还习惯吗？
    女：吃的还行，就是北京的风比我家那边大，有时候吹得我头疼。
    男：北方的秋天就是这样，时间长了就好了，南方没有这么大风吧？
    女：南方的秋天还是挺热的，和北方还真是不一样。
    问：**北方的秋天怎么样？**

34. 男：你和你妈妈长得真像。
    女：我的鼻子和嘴巴长得像我妈妈，我的眼睛长得像爸爸。
    男：我和我爸爸长得像，不过大家都说我比他长得好看。
    女：我觉得你在说谎，一定是你爸爸比你好看吧。
    问：**女的的眼睛长得像谁？**

35. 男：今天怎么准备了这么多好吃的，有谁要来吃饭吗？
    女：是爷爷奶奶要过来，你爸爸已经去接他们了。
    男：那他们今天是不是不走了？好久没见到他们了。
    女：爷爷奶奶会在这儿住几天再走，我们可以好好陪陪他们了。
    问：**对话中的人是什么关系？**

36. 男：这个苹果是怎么卖的？
    女：苹果是5块钱1公斤。
    男：你可以便宜一点吗？我想多买点。
    女：不行，这已经是最便宜的了。
    问：**苹果多少钱一公斤？**

37. 男：那个长头发的女孩儿你认识吗？
    女：认识，那是我同学，用我介绍你们认识吗？
    男：我以前见过她，在别人的生日会上，但我不知道她叫什么名字？
    女：她叫笑笑，她笑起来特别好看。

问: **男的什么时候见过笑笑?**

38. 男: 你平时都是怎么学习汉语的?
    女: 我在网上学的,我报名参加了网上的一些课程。
    男: 网上?你能给我介绍一下吗?
    女: 没问题,我给你介绍一个课程,他们的老师特别好。
    问: **女的在哪儿学的汉语?**

39. 男: 你想喝点儿什么?喝酒还是喝果汁?
    女: 我想喝酒,都有什么酒?
    男: 有白酒、红酒,还有啤酒,喝哪种?
    女: 那就啤酒吧,我们再点些吃的。
    问: **女的想喝什么?**

40. 男: 又是一年了,我希望今年更快乐,能挣更多钱。
    女: 你的新年愿望一定会成真的。
    男: 你的愿望是什么?
    女: 我希望我和家人都能健健康康的。
    问: **他们可能过什么节日?**

新 HSK 모의고사 제12회 답안

一. 听力

1. C 2. E 3. B 4. A 5. F 6. D 7. C 8. A 9. E 10. B

11. × 12. √ 13. × 14. √ 15. × 16. √ 17. × 18. √ 19. √ 20. ×

21. A 22. C 23. C 24. C 25. A 26. C 27. A 28. B 29. C 30. A

31. B 32. C 33. A 34. C 35. B 36. A 37. C 38. A 39. C 40. B

二. 阅读

41. C 42. F 43. E 44. D 45. B 46. D 47. A 48. E 49. C 50. B

51. D 52. C 53. F 54. B 55. A 56. F 57. A 58. E 59. C 60. B

61. B 62. A 63. C 64. A 65. B 66. C 67. C 68. C 69. B 70. A

三. 书写

71. 我的小狗喜欢玩球。/ 小狗喜欢玩我的球。

72. 明天的会议非常重要。

73. 她送给小王一本书。/ 小王送给她一本书。

74. 你跟她一样漂亮。/ 她跟你一样漂亮。

75. 他们正在介绍图书馆呢。

76. 读   77. 左   78. 药   79. 拿   80. 元

HSK 모의고사 제12회 듣기 대본

第一部分

一共10个题，每题听两次。

例如：男：喂，请问王老师在吗?
　　　女：对不起，你打错了。

现在开始第1到5题：

1. 男：玛丽在干什么? 怎么还不来吃饭?
　　女：她正在写作业呢，说写完再来吃饭。

2. 女：医生，我的情况怎么样? 需要住院吗?
　　男：不需要，吃几天药就可以了，不过你要注意休息，不能太累了。

3. 男：你最近瘦了好多啊！听小王说，你每天都在做运动?
　　女：是啊，我每天早上都在公园跑步。

4. 男：小王，你衣服上怎么有只小猫?
　　女：这是我女儿画的，她特别喜欢小动物。

5. 男：下课一起去吃饭吧。
　　女：不去了，我下周要参加舞蹈比赛，这几天都在练习舞蹈呢。

现在开始第6到10题：

6. 男：明天学校有游泳比赛，你要看吗?
　　女：当然要看啦，明天我们一起去吧。

7. 男：你休息的时候喜欢干什么?
　　女：我休息的时候喜欢在家听音乐、看电影，不过我最喜欢看书。

8. 女：明天开会需要用的东西都准备好了吗?
　　男：准备好了，已经放在会议室了。

9. 女：李明，我的电脑坏了，你能不能帮我看看是怎么回事?
　　男：行，那你下午把电脑拿过来吧。

10. 男：我的孩子不喜欢吃饭，怎么办?
　　 女：小孩子喜欢漂亮的东西，所以你的饭不但要好吃，而且要好看。

第二部分

一共10个题，每题听两次。

例如：为了让自己更健康，他每天跑步跑一个小时。

★ 他希望自己很健康。

今天我想早点儿回家。看了看手表，才5点。过了一会儿再看表，还是5点，我这才发现我的手表不走了。

★ 那块儿手表不是他的。

现在开始第11题：

11. 我周末想去买衣服，我的衣服都是前几年买的，太旧了，应该换几件新的了。

★ 他的衣服都是新买的。

12. 下班后我们一起去吃中国菜吧。听李雨说，附近新开了一家饭店，中国菜做得特别好。

★ 听说公司附近新开了一家饭店。

13. 最近真的是太热了，我每天晚上都被热得睡不好觉，所以我决定买一个空调。
    ★ 他每天都睡得很好。

14. 我今天第一天上班，经理让我先了解一下公司的历史，有什么不懂的地方多问问同事。
    ★ 他需要了解公司的历史。

15. 老师，我明天需要请假。我这几天一直身体不舒服，明天想去医院检查一下。
    ★ 他昨天去医院检查身体了。

16. 我打算和女朋友结婚了，时间是2月14号。如果你们能来的话，我一定会很开心的。
    ★ 他准备2月14号和女朋友结婚。

17. 可以把你的汉语书借给我吗？我的书忘记带了，下节课就要用，没有时间回去拿。
    ★ 他的汉语书不见了。

18. 旅游有很多好处，可以了解外面的世界，了解不同的文化，还可以和不同的人做朋友。
    ★ 旅游可以帮助我们认识不同的人。

19. 大龙每天都睡得很晚，第二天早上就不愿意起床，因此他每天上班都会迟到。经理说过他很多次了，他也不听。
    ★ 经理经常因为迟到说大龙。

20. 我很喜欢吃水果，苹果、香蕉、西瓜，什么都吃，我觉得经常吃水果可以让我更健康。
    ★ 他认为吃水果可以变瘦。

第三部分

一共10个题，每题听两次。

例如：男：小王，我一会儿想去看电影，你有时间吗？
      女：对不起，我一会儿有朋友过来，咱们下次再去吧！
      问：男的想让小王做什么？

现在开始第21题：

21. 男：你好，请问您知道附近哪里有书店吗？
    女：书店就在前面那个超市旁边，你再往前走100米就能看到了。
    问：书店在哪儿？

22. 女：家里的桌子又坏了，我们还是买一张新的吧。
    男：早就说过要换一张新桌子，现在你终于同意了。
    问：女的要干什么？

23. 男：今天的天气不太好，好像是要下雨。
    女：真的吗？那你出去的时候记得带一把伞。
    问：女的让男的干什么？

24. 女：你想喝什么，茶还是咖啡？
    男：喝水就可以了，喝茶或者咖啡我怕晚上睡不着觉。
    问：男的想喝什么？

25. 女：医生，我儿子这几天一直发烧，吃什么药都没用，你说怎么办啊？
    男：不要担心，先让我们给孩子检查一下。
    问：女的的儿子怎么了？

26. 男：你好，请问你知道附近哪里能坐公共汽车吗？我想去市图书馆。
    女：去图书馆的公共汽车换地方了，这里没有，你需要去公园那儿坐。
    问：女的是什么意思？

27. 女：李明，上课的时候请注意看黑板，听老师讲的内容。
    男：知道了，老师。
    问：他们是什么关系？

28. 男：为什么不吃鸡蛋？吃鸡蛋对身体好。
    女：我知道，可是我真的不喜欢吃，我觉得它太干了。
    问：女的为什么不吃鸡蛋？

29. 男：今天是什么节日吗？怎么大家都拿着花？
    女：今天是情人节，你不知道吗？
    问：为什么大家都拿着花？

30. 女：你知道我的帽子在哪里吗？我怎么找都找不到。
    男：我也不知道啊，你是不是放在学校忘记带回来了？
    问：女的在找什么？

第四部分

一共10个题，每题听两次。

例如：女：晚饭做好了，来吃饭。
　　　男：等一会儿，比赛快结束了。
　　　女：快点儿吧，菜凉了就不好吃了。
　　　男：你先吃吧，我一会儿就看完了。
　　　问：男的在做什么？

现在开始第31题：

31. 男：喂，你下火车了吗？我已经到了。
    女：我正在准备下火车呢，人特别多，可能会慢一点儿。
    男：别急，我就在火车站外面等你。
    女：嗯，我知道，一会儿见。
    问：女的准备做什么？

32. 女：你怎么还在玩游戏？下午就要出发了，行李准备好了吗？
    男：我没什么东西要带的，一会儿整理就行。
    女：一会儿就来不及了，你快点儿吧。
    男：知道了，我玩儿完这一把游戏就去整理。
    问：女的让男的做什么？

33. 男：拿四双筷子、四个碗就可以了。
    女：怎么是四个？不是有六个人吃饭吗？
    男：赵叔叔和张阿姨突然有事，来不了了。
    女：那做了这么多菜怎么办啊？我们四个人也吃不完。
    问：现在有几个人吃饭？

34. 男：你好，我想办一张银行卡，请问都需要什么？
    女：你好，需要您的身份证。
    男：那我需要等多久才能拿到银行卡呢？
    女：几分钟就可以了。
    问：他们在哪里说话？

35. 女：你怎么了？这几天一直不开心。
    男：我妻子和我吵架了，可是我不知道她为什么生气。
    女：那你妻子是怎么说的？
    男：她只说我不爱她，不关心她，我也不知道该怎么做。
    问：男的为什么不开心？

36. 男：能把你的照相机借给我吗？
    女：你借照相机做什么？
    男：我明天要和我父母出去玩儿，想给他们拍几张照片。
    女：好的，照相机在家里呢，我下午给你带过来。
    问：**男的为什么借照相机？**

37. 女：为什么教室里这么安静？今天不上课吗？
    男：今天是周末啊，学生都放假了。
    女：真的吗？我一直以为今天是星期五呢。
    男：你就是太忙了，忙得今天是星期几都不知道了。
    问：**教室里为什么这么安静？**

38. 男：这次表演一共有几个节目？
    女：现在有十个比较好的节目，不过我们只需要八个。
    男：那确定要哪八个节目了吗？
    女：还没有，这次的节目都挺好的，不知道该留哪几个。
    问：**这次表演需要几个节目？**

39. 女：你昨天请假干什么去了？
    男：我姐姐给我介绍了一个女朋友，昨天一起吃饭来着。
    女：那你感觉怎么样？
    男：感觉还不错，我已经和她说好明天一起去看电影了。
    问：**男的明天要去干什么？**

40. 男：我这个月怎么花了这么多钱？我也没买什么东西啊。
    女：你怎么没买东西？前几天不是还买了一部新手机吗？
    男：我以前的手机坏了，已经不能再用了。
    女：得了吧，你上个月买电脑的时候也是这样说的。
    问：**男的上个月买了什么？**

 모의고사 제13회 답안

一. 听力

1. A 2. C 3. F 4. E 5. B 6. B 7. D 8. C 9. E 10. A
11. × 12. × 13. √ 14. × 15. × 16. √ 17. √ 18. × 19. √ 20. ×
21. C 22. A 23. B 24. A 25. A 26. B 27. C 28. A 29. B 30. C
31. B 32. A 33. A 34. C 35. B 36. C 37. B 38. A 39. C 40. B

二. 阅读

41. D 42. F 43. B 44. C 45. E 46. B 47. E 48. A 49. D 50. C
51. B 52. C 53. F 54. D 55. A 56. B 57. F 58. C 59. E 60. A
61. B 62. C 63. A 64. C 65. A 66. B 67. B 68. A 69. B 70. A

三. 书写

71. 这是在超市买的。

72. 我把面包吃了。

73. 桌子上放着一个杯子。

74. 行李箱被压坏了。

75. 妈妈叫我吃早饭。

76. 鼻   77. 衫   78. 婚   79. 筷   80. 满

HSK 모의고사 제13회 듣기 대본

第一部分

一共10个题，每题听两次。

例如：男：喂，请问王老师在吗？
　　　女：对不起，你打错了。

现在开始第1到5题：

1. 男：你昨天怎么没去跑步啊？
   女：我的好朋友结婚，我去帮忙了。

2. 女：每次看书的时候我都有好多字不认识。
   男：你可以买一本字典。

3. 男：每天都是你洗碗吗？
   女：不是，有的时候是我先生洗。

4. 男：您好，请问这附近有银行吗？
   女：这附近没有，但是车站那儿有。

5. 女：咱们下午去公园吧！
   男：现在外面刮风呢，明天再去吧。

现在开始第6到10题：

6. 男：你怎么累成这样？快休息一下吧。
   女：电梯坏了，我是走上来的。

7. 女：这是我新买的裤子，你觉得怎么样？
   男：挺好看的，颜色也很漂亮。

8. 男：你能帮我照顾一下我妹妹吗？就看着她写作业就行。
   女：没问题，你放心吧！

9. 女：办公室的灯坏了，得找人修一下。
   男：明天上班时我修吧。

10. 男：你今天下班之后去哪儿啊？
    女：我想去超市买点牛奶。

第二部分

一共10个题，每题听两次。

例如：为了让自己更健康，他每天跑步跑一个小时。
★ 他希望自己很健康。

今天我想早点儿回家。看了看手表，才5点。过了一会儿再看表，还是5点，我这才发现我的手表不走了。
★ 那块儿手表不是他的。

现在开始第11题：

11. 老师，您能写得大一点儿吗？我在后边儿看不清黑板上的字。
    ★ 他看得清黑板上的字。

12. 北方的春天还是比较冷的，虽然气温在十五度左右，但是有时会刮风，刮风的时候就会非常冷。
    ★ 北方的春天一点儿也不冷。

13. 为了让自己的汉语水平能快速提高，他每天下课后都会努力练习。
    ★ 他希望提高自己的汉语水平。

14. 虽然平时上班很忙，但是他每天下班都会去跑步来保持身材。
    ★ 他没有工作。

15. 去年一月份刚来中国的时候，我很不习惯吃中国菜，但是现在我开始喜欢中国菜了，尤其是四川菜。
★ 他一直喜欢中国菜。

16. 您觉得这款怎么样？这种空调是我们店里卖得最好的，价格也比较便宜。您今天买，我们还能给您送到家里。
★ 说话的人在卖空调。

17. 办公室的电脑坏了，所以我得晚一点儿才能给您回复电子邮件。
★ 他现在不能回复电子邮件。

18. 我在医院附近的宾馆给你订了一个房间，吃完饭你去休息一会儿吧。
★ 他们要去订房间。

19. 我发现大卫新买的电子书不错，我也想买一本。
★ 他想买一本电子书。

20. 我今天下课晚了，没赶上校车，所以现在还没到呢，你再等我一会儿吧。
★ 他已经到了。

第三部分

一共10个题，每题听两次。

例如：男：小王，我一会儿想去看电影，你有时间吗？
女：对不起，我一会儿有朋友过来，咱们下次再去吧！
问：男的想让小王做什么？

现在开始第21题：

21. 女：我终于做完了听力作业，咱们出去吃饭吧。
男：好啊，我早就饿了。
问：他们要去做什么？

22. 女：喂，帮我看一下，我的手机在办公室吗？
男：嗯，在你的桌子上。
问：关于手机，可以知道什么？

23. 男：外面下雨了，咱们别去动物园了。
女：行，那就下周再去吧。
问：他们为什么不去动物园了？

24. 男：我明天不能和你去妈妈家了，我得去参加一个重要的会议。
女：好吧，那我自己去吧。
问：男的要去做什么？

25. 男：明天是我第一天上班，我应该买一件新衬衫。
女：可以，你这件都穿一年了。
问：男的希望怎么样？

26. 男：你是哪国人？汉语说得太好了！
女：谢谢。我是韩国人，但我已经来中国十年了。
问：女的是哪国人？

27. 女：昨天晚上你怎么没去踢足球啊？
男：最近作业总是特别多，写完都快十一点了，就不能去踢球了。
问：男的主要是什么意思？

28. 男：王阿姨，您今天怎么这么高兴啊？
女：我儿子今天要带女朋友回来，我去买点菜。
问：王阿姨为什么高兴？

29. 女：你喜欢奶油蛋糕吗？
男：我不是很喜欢，因为我不太喜欢吃甜的。
问：男的为什么不喜欢吃奶油蛋糕？

30. 男：你和你妈妈长得真像，特别是眼睛。

女：是的，大家都说我的眼睛和鼻子最像我妈妈。

问：关于女的，哪项正确？

第四部分

一共10个题，每题听两次。

例如：女：晚饭做好了，来吃饭。
男：等一会儿，比赛快结束了。
女：快点儿吧，菜凉了就不好吃了。
男：你先吃吧，我一会儿就看完了。

问：**男的在做什么？**

现在开始第31题：

31. 男：你今天怎么这么早就回来了？
女：我今天没穿大衣，怕晚上太冷，所以下班就回来了。
男：你怎么不给我打电话？我可以去接你。
女：我也不知道你今天这么早就到家了。

问：**关于男的，哪个是对的？**

32. 女：张老师，我有几个问题不太明白，您有空儿吗？
男：我一会儿要去开会，你下午来找我吧。
女：好的，我去哪儿找您呢？
男：我下午去图书馆看书，你去那儿找我吧。

问：**男的下午去哪儿？**

33. 女：这照片上的两个女孩都是您的女儿吗？
男：不是，有一个是我姐姐的女儿。
女：她们俩长得可真像，连身高都一样。

男：她俩同岁，而且从小就在一起玩儿。

问：**关于那两个女孩，哪个是对的？**

34. 男：给我倒一杯水放在桌子上。
女：已经给您放在桌子上了。爸，您别忘了吃药。
男：晚上已经吃过了。
女：那您就早点儿休息吧。

问：**说话人最有可能是什么关系？**

35. 女：晚上咱们家会来客人，你早点回来。
男：谁来呀？我用不用买点什么回去呀？
女：我的大学同学。家里没有饮料了，你去买点吧。
男：好的，我下班就去。

问：**女的为什么希望男的早点回来？**

36. 男：咱们喝杯绿茶吧。
女：好的，我也有点渴了。
男：你还想要点儿别的吗？
女：那再给我来一块蛋糕吧。

问：**他们在谈论什么？**

37. 女：我们想去上海玩儿，可是我们都不会开车。
男：我会开车呀，你们哪天去？
女：应该是下周末去。
男：周末我有时间，我开车送你们吧。

问：**男的下周末做什么？**

38. 男：咱们下午去游泳吧！
女：不好意思，我和同事约好要去听音乐会。
男：没关系，等你有时间咱们再去。
女：好的，有时间我给你打电话。

问：**女的下午要去做什么？**

39. 男: 你能帮我把书包带来吗?
    女: 你的书包是什么样子的?
    男: 黄色的, 不是很大, 就在我桌子上。
    女: 好的。
    问: **男的的书包是什么样的?**

40. 女: 春天到了, 桃花都开了。
    男: 是啊, 我昨天去公园拍照了, 这些都是我拍的。
    女: 你拍得真好, 能教教我吗?
    男: 没问题。
    问: **女的希望男的做什么?**

新HSK 모의고사 제14회 답안

一. 听力

1. E   2. F   3. C   4. A   5. B   6. C   7. A   8. D   9. B   10. E

11. ×   12. ×   13. √   14. ×   15. √   16. ×   17. ×   18. √   19. ×   20. √

21. A   22. C   23. B   24. B   25. C   26. A   27. B   28. A   29. B   30. C

31. A   32. C   33. C   34. B   35. A   36. B   37. B   38. A   39. C   40. A

二. 阅读

41. C   42. E   43. F   44. B   45. D   46. C   47. E   48. A   49. B   50. D

51. F   52. B   53. A   54. D   55. C   56. B   57. E   58. F   59. A   60. C

61. A   62. B   63. A   64. C   65. A   66. B   67. B   68. B   69. A   70. B

三. 书写

71. 那是别人的办公室。

72. 我的丈夫正在骑马。

73. 我要买一双袜子。

74. 奶奶最爱喝牛奶。

75. 黑板上写了很多字。

76. 办   77. 附   78. 迎   79. 热   80. 短

HSK 모의고사 제14회 듣기 대본

第一部分

一共10个题，每题听两次。

例如：男：喂，请问王老师在吗？
　　　女：对不起，你打错了。

现在开始第1到5题：

1. 男：你的书都是在网上买的吗？
　 女：对，在网上买很方便。

2. 女：我非常喜欢听李老师的课。
　 男：我也是，他的课很轻松。

3. 男：明天是周六，你想做什么？
　 女：我要去学钢琴。

4. 女：外面下雨了，别忘了带雨伞。
　 男：好的。

5. 女：我一会儿要去医院，但不知道怎么走。
　 男：我知道，我开车送你吧。

现在开始第6到10题：

6. 女：我今天没有吃早饭。
　 男：不吃早饭对身体不好，你以后还是别这样了。

7. 男：刚才是什么声音？
　 女：我刚刚不小心把杯子打了。

8. 男：我看你每天都在这儿跑步。
　 女：对，因为我想变瘦一些。

9. 女：你看到乔治了吗？
　 男：他在踢足球呢。

10. 男：你想喝什么？我请客。
　　 女：我想喝咖啡。

第二部分

一共10个题，每题听两次。

例如：为了让自己更健康，他每天跑步跑一个小时。
　　　★ 他希望自己很健康。

　　　今天我想早点儿回家。看了看手表，才5点。过了一会儿再看表，还是5点，我这才发现我的手表不走了。
　　　★ 那块儿手表不是他的。

现在开始第11题：

11. 我听说，如果每天睡不够6个小时，身体就会不舒服。
　　★ 他身体不舒服。

12. 我对王老师的课很感兴趣，但是这门课比我想的难多了。
　　★ 王老师的课很简单。

13. 我家附近的公园总是很热闹，一有时间我就去公园坐坐。
　　★ 他喜欢去公园。

14. 我的邻居总是把音乐放很大声，所以我决定要搬家了。
　　★ 他的邻居要搬走了。

15. 这是我最喜欢的书，是关于文学方面的，如果你想看，我可以借给你。
　　★ 这是一本关于文学的书。

16. 玛丽每个周末都待在家里，从来不和我们去看电影。
    ★ 玛丽周末去看电影。

17. 大卫三四天都没来上班，他是不是病了？
    ★ 大卫生病了。

18. 我不用坐车上学，走十分钟就到了。
    ★ 他家离学校很近。

19. 年轻人无论做什么都离不开手机，他们应该放下手机，多出去锻炼。
    ★ 年轻人不应该离开手机。

20. 女儿小时候很爱吃糖，牙疼之后就再也不吃了。
    ★ 女儿牙疼是因为吃糖。

第三部分

一共10个题，每题听两次。

例如：男：小王，我一会儿想去看电影，你有时间吗？
    女：对不起，我一会儿有朋友过来，咱们下次再去吧！
    问：男的想让小王做什么？

现在开始第21题：

21. 男：你好！请问地铁站怎么走？
    女：一直向前走就能看到了。
    问：男的想去哪儿？

22. 女：你声音小点儿，儿子在学习呢。
    男：他早就出去玩儿了。
    问：儿子在做什么？

23. 男：今晚要下雪，这几天应该会很冷。
    女：真希望春天快点儿来。
    问：现在是什么季节？

24. 女：经理下个月结婚，我们周末去选个礼物吧！
    男：行，我也是这么想的。
    问：经理什么时候结婚？

25. 男：我的自行车旧了，我想换一台新的。
    女：可是它还没坏，还能用。
    问：自行车怎么了？

26. 男：你的画儿画得真好！
    女：可能是因为我从小就喜欢画画儿。
    问：女的的爱好是什么？

27. 女：您的苹果，总共七块五，就给我七块钱吧。
    男：好的，谢谢。
    问：男的花了多少钱？

28. 女：快点儿吧！你上班要迟到了。
    男：没关系，我坐出租车去。
    问：男的怎么去上班？

29. 男：这件大衣怎么样？我认为很适合你。
    女：我主要喜欢它的颜色。
    问：女的最满意衣服的哪方面？

30. 女：昨天三班和四班的篮球比赛谁赢了？
    男：四班差点儿就赢了。
    问：篮球比赛哪个班赢了？

第四部分

一共10个题，每题听两次。

例如：女：晚饭做好了，来吃饭。
    男：等一会儿，比赛快结束了。

女：快点儿吧，菜凉了就不好吃了。
男：你先吃吧，我一会儿就看完了。
问：男的在做什么？

现在开始第31题：

31. 男：你最近怎么了？
    女：我这几天一直头疼。
    男：你应该去检查一下。
    女：我昨天去了，医生让我多休息。
    问：女的昨天去哪儿了？

32. 男：这家咖啡店的客人总是很多。
    女：对，这里安静，环境好，还有各种饮料，客人都愿意来。
    男：你经常来吗？
    女：是的，我经常和同学来。
    问：关于咖啡店，可以知道什么？

33. 女：你的房间太乱了，你应该打扫一下了。
    男：我不知道怎么打扫，还是妈妈你来帮我吧。
    女：你已经长大了，应该学着自己做事情。
    男：好吧，你说得对。
    问：两人是什么关系？

34. 女：我们明天去参加聚会吧。
    男：不行，我明天要去办护照。
    女：你要去旅行吗？
    男：不，我想出国留学。
    问：男的为什么办护照？

35. 女：你吃过这家的面条吗？
    男：没有。
    女：他家的面条很有名，既干净又好吃。
    男：那我也吃吃看。
    问：这家的面条怎么样？

36. 男：你在做什么？这么认真！
    女：我正在做数学题，它太难了。
    男：你可以问问老师。
    女：我想只能这么办了。
    问：女的在做什么？

37. 男：你能帮我把裤子拿过来吗？
    女：在哪里？
    男：在椅子上，黑色的那条。
    女：好的。
    问：裤子是什么颜色的？

38. 女：你家有四口人吗？
    男：是的，这是我的姐姐。
    女：从照片上看，她更像你的爸爸。
    男：是的，而我更像妈妈。
    问：两人在做什么？

39. 男：你喜欢我送你的生日礼物吗？
    女：当然，你送的字典对我帮助很大。
    男：你还收到什么礼物了？
    女：蛋糕、帽子，还有水果。
    问：男的送的礼物是什么？

40. 女：你怎么才来？
    男：对不起，公司突然开了个会。
    女：手机为什么关机了？
    男：因为没电了。
    问：男的为什么迟到？

HSK 모의고사 제15회 답안

一. 听力

1. C 2. B 3. F 4. E 5. A 6. E 7. A 8. C 9. D 10. B

11. × 12. × 13. × 14. × 15. √ 16. × 17. √ 18. × 19. × 20. ×

21. C 22. B 23. C 24. B 25. C 26. C 27. B 28. B 29. B 30. C

31. B 32. A 33. C 34. A 35. A 36. B 37. C 38. B 39. B 40. B

二. 阅读

41. C 42. E 43. D 44. B 45. F 46. A 47. B 48. C 49. D 50. E

51. A 52. D 53. C 54. F 55. B 56. B 57. F 58. C 59. E 60. A

61. C 62. B 63. A 64. C 65. C 66. A 67. A 68. A 69. C 70. B

三. 书写

71. 我可以报名参加足球比赛吗?

72. 我对现在的工作很满意。

73. 这条街道的环境很不错。

74. 为了提高汉语水平,他想了很多办法。

75. 玛丽习惯把糖放在牛奶里。

76. 担   77. 借   78. 种   79. 净   80. 瘦

新HSK 모의고사 제15회 듣기 대본

第一部分

一共10个题，每题听两次。

例如：男：喂，请问王老师在吗？
　　　女：对不起，你打错了。

现在开始第1到5题：

1. 男：明天的考试你准备好了吗？
   女：我完全忘记复习了，现在我还在听音乐呢。

2. 男：外面太冷了，我的鼻子都冻红了。
   女：是的，北方的冬天温度很低。

3. 女：听说学校里的桃花开了？
   男：是啊，都开了，很多人都来这里拍照。

4. 男：这件绿色的衣服真适合你。
   女：真的吗？我很喜欢绿色。

5. 男：你还有多久才能到？
   女：估计还得半个小时，我遇到堵车了。

现在开始第6到10题：

6. 男：这辆车是送给你的礼物，祝你生日快乐！
   女：啊？自行车呀！

7. 女：你今天怎么迟到了？
   男：我不小心睡过头了，一看闹钟已经快八点了。

8. 女：给你加冰的果汁。
   男：谢谢，太好了，跑步之后喝这个最解渴了。

9. 男：明天和我一起去跑步吧。六点我叫你起床。
   女：好，那我们就说定了。

10. 女：这个星期六我姐姐搬家，我要去帮忙。
    男：我和你一起去吧，我周末不上班。

第二部分

一共10个题，每题听两次。

例如：为了让自己更健康，他每天跑步跑一个小时。
　　　★ 他希望自己很健康。

　　　今天我想早点儿回家。看了看手表，才5点。过了一会儿再看表，还是5点，我这才发现我的手表不走了。
　　　★ 那块儿手表不是他的。

现在开始第11题：

11. 本来今天我和同学约好去看电影的，没想到突然下起了大雨，计划就取消了。
    ★ 今天我去看电影了。

12. 少喝点葡萄酒对人的身体很好，但是喝太多葡萄酒，对身体的伤害很大。
    ★ 喝太多葡萄酒对身体很好。

13. 我的东西都是在网上买的，我几乎不去真正的商店。因为我觉得商店的东西比较贵。
    ★ 我常去商店买东西。

14. 你没有认真复习，怎么会在考试中取得好成绩呢？
    ★ 他在考试中取得了好成绩。

15. 喝茶对我们的健康有帮助，所以很受人们欢迎。
    ★ 人们很喜欢喝茶。

16. 他是踩着铃声到达座位上的，差点迟到。
    ★ 他迟到了。

17. 我有睡前喝牛奶的习惯，但是我只喝热牛奶，而且要放很多糖。
    ★ 我爱喝甜牛奶。

18. 我的女朋友眼睛很大，头发很长，看起来很可爱。
    ★ 我的女朋友不爱说话。

19. 我们就等一等吧，她一个人回去也不安全。
    ★ 他们不等她了。

20. 每次该小王请客的时候，他不是有病就是有事儿。
    ★ 小王总是喜欢请客。

第三部分

一共10个题，每题听两次。

例如：男：小王，我一会儿想去看电影，你有时间吗？
女：对不起，我一会儿有朋友过来，咱们下次再去吧！
问：男的想让小王做什么？

现在开始第21题：

21. 男：你好，我住在你的楼上，现在很晚了，可以把音乐声关小一些吗？
    女：对不起，我现在就关掉。
    问：他们是什么关系？

22. 女：这个季节真好，不像夏天那么热，也不像冬天那么冷。
    男：是啊，冬天过去了，草都长出来了。
    问：现在是什么季节？

23. 女：这位客人，请问您要喝点什么？
    男：有葡萄酒吗？没有的话，啤酒也行。
    问：男的想喝什么？

24. 女：老师，我想请一天假，今天身体不舒服。
    男：可以，最好去医院看看吧。
    问：他们可能在哪里？

25. 男：听说你又养了一只猫？
    女：是呀，我家原来的小黑和小白可喜欢它了，它们经常一起玩。
    问：女的养了几只猫？

26. 女：周末我们去看电影好不好？
    男：我很想去，但是我必须在家学习。
    问：男的周末要做什么？

27. 男：你喜欢什么动物？
    女：我特别喜欢熊猫，它们圆圆的，很可爱。
    问：女的认为熊猫怎么样？

28. 女：小明，你怎么在看电视，作业做完了吗？
    男：早就做完了，今天的作业不多。
    问：小明正在干什么？

29. 女：服务员，请给我拿一个新勺子，刚刚那个不小心掉在地上了。
    男：好的，请稍等。
    问：**女的最可能在哪里？**

30. 男：你什么时候回来啊？我忘记带钥匙了，被关在门外了。
    女：我也想早点回去，但是经理让我加班。
    问：**关于女的，哪句话是对的？**

第四部分

一共10个题，每题听两次。

例如：女：晚饭做好了，来吃饭。
      男：等一会儿，比赛快结束了。
      女：快点儿吧，菜凉了就不好吃了。
      男：你先吃吧，我一会儿就看完了。
      问：**男的在做什么？**

现在开始第31题：

31. 女：我想去一个安静的地方写作业，宿舍里太吵了。
    男：我一会儿要去图书馆，你和我一起去吧。
    女：好啊，我现在收拾东西去楼下等你。
    男：好的，我在教室，马上就来。
    问：**他们要去哪里？**

32. 男：你来中国多久了？
    女：我是去年九月来的。
    男：那差不多有半年了，我来得比较早，在中国待了两年半。
    女：怪不得你的汉语说得这么好。
    问：**女的来中国多久了？**

33. 女：照片上这个人是谁啊？
    男：这是我叔叔。
    女：那旁边那个一定是你叔叔的妻子了？
    男：不，那是我叔叔的妹妹，我叫她姑姑。
    问：**照片上的女的是谁？**

34. 男：今天真冷，天也阴沉沉的。
    女：是啊，几乎看不到太阳。
    男：可能要下雨了。
    女：我们出门的时候带把伞吧。
    问：**他们在谈论什么？**

35. 男：姐姐，你看到我的衬衫了吗？
    女：是沙发上的那件吗？
    男：不是那件蓝衬衫，是白色的衬衫。
    女：我昨天从阳台取下来放在你衣柜里了。
    问：**白衬衫在哪里？**

36. 女：明天我姐姐过生日，我想为她选一件当礼物。
    男：你姐姐平常穿裙子吗？我们这里上了新款。
    女：我从没见过她穿裙子，你能推荐几款裤子给我吗？
    男：好的，请跟我来。
    问：**女的会选什么送给姐姐？**

37. 女：明天早上8点我有一个重要的会议，你可以叫我起床吗？
    男：你想几点起来？
    女：提前一小时起床就来得及。
    男：没问题，快去睡吧。
    问：**明天女的几点起床？**

38. 女：这是你画的鸟吗？画得真好。
    男：我还没想好给它上什么颜色，你觉得黄色好还是蓝色好？
    女：黄色就不错。

男：是吗?那就听你的吧。
问：**男的会把鸟涂成什么颜色?**

39. 女：你养过宠物吗?
    男：我养过一只猫,虽然我一直想养一只狗。
    女：那你为什么没有养狗呢?
    男：因为我妹妹害怕狗。
    问：**男的养过什么宠物?**

40. 女：你吃过这种水果吗?
    男：没有,这是什么东西?
    女：它叫"牛油果",还可以用它做菜呢,儿子特别喜欢吃。
    男：我尝尝。
    问：**关于"牛油果",哪项不正确?**

HSK (三级) 答题卡

汉语水平考试　HSK　答题卡

―请填写考生信息―

按照考试证件上的姓名填写:

姓名

如果有中文姓名,请填写:

中文姓名

考生序号
[0] [1] [2] [3] [4] [5] [6] [7] [8] [9]
[0] [1] [2] [3] [4] [5] [6] [7] [8] [9]
[0] [1] [2] [3] [4] [5] [6] [7] [8] [9]
[0] [1] [2] [3] [4] [5] [6] [7] [8] [9]
[0] [1] [2] [3] [4] [5] [6] [7] [8] [9]

―请填写考点信息―

考点代码
[0] [1] [2] [3] [4] [5] [6] [7] [8] [9]
[0] [1] [2] [3] [4] [5] [6] [7] [8] [9]
[0] [1] [2] [3] [4] [5] [6] [7] [8] [9]
[0] [1] [2] [3] [4] [5] [6] [7] [8] [9]
[0] [1] [2] [3] [4] [5] [6] [7] [8] [9]
[0] [1] [2] [3] [4] [5] [6] [7] [8] [9]

国籍
[0] [1] [2] [3] [4] [5] [6] [7] [8] [9]
[0] [1] [2] [3] [4] [5] [6] [7] [8] [9]
[0] [1] [2] [3] [4] [5] [6] [7] [8] [9]

年龄
[0] [1] [2] [3] [4] [5] [6] [7] [8] [9]
[0] [1] [2] [3] [4] [5] [6] [7] [8] [9]

性别　　男 [1]　　女 [2]

注意　请用2B铅笔这样写:■

一、听力

1. [A] [B] [C] [D] [E] [F]
2. [A] [B] [C] [D] [E] [F]
3. [A] [B] [C] [D] [E] [F]
4. [A] [B] [C] [D] [E] [F]
5. [A] [B] [C] [D] [E] [F]
6. [A] [B] [C] [D] [E] [F]
7. [A] [B] [C] [D] [E] [F]
8. [A] [B] [C] [D] [E] [F]
9. [A] [B] [C] [D] [E] [F]
10. [A] [B] [C] [D] [E] [F]

11. [✓] [X]
12. [✓] [X]
13. [✓] [X]
14. [✓] [X]
15. [✓] [X]
16. [✓] [X]
17. [✓] [X]
18. [✓] [X]
19. [✓] [X]
20. [✓] [X]

21. [A] [B] [C]
22. [A] [B] [C]
23. [A] [B] [C]
24. [A] [B] [C]
25. [A] [B] [C]

26. [A] [B] [C]
27. [A] [B] [C]
28. [A] [B] [C]
29. [A] [B] [C]
30. [A] [B] [C]
31. [A] [B] [C]
32. [A] [B] [C]
33. [A] [B] [C]
34. [A] [B] [C]
35. [A] [B] [C]
36. [A] [B] [C]
37. [A] [B] [C]
38. [A] [B] [C]
39. [A] [B] [C]
40. [A] [B] [C]

二、阅读

41. [A] [B] [C] [D] [E] [F]
42. [A] [B] [C] [D] [E] [F]
43. [A] [B] [C] [D] [E] [F]
44. [A] [B] [C] [D] [E] [F]
45. [A] [B] [C] [D] [E] [F]
46. [A] [B] [C] [D] [E] [F]
47. [A] [B] [C] [D] [E] [F]
48. [A] [B] [C] [D] [E] [F]
49. [A] [B] [C] [D] [E] [F]
50. [A] [B] [C] [D] [E] [F]

51. [A] [B] [C] [D] [E] [F]
52. [A] [B] [C] [D] [E] [F]
53. [A] [B] [C] [D] [E] [F]
54. [A] [B] [C] [D] [E] [F]
55. [A] [B] [C] [D] [E] [F]
56. [A] [B] [C] [D] [E] [F]
57. [A] [B] [C] [D] [E] [F]
58. [A] [B] [C] [D] [E] [F]
59. [A] [B] [C] [D] [E] [F]
60. [A] [B] [C] [D] [E] [F]

61. [A] [B] [C]
62. [A] [B] [C]
63. [A] [B] [C]
64. [A] [B] [C]
65. [A] [B] [C]
66. [A] [B] [C]
67. [A] [B] [C]
68. [A] [B] [C]
69. [A] [B] [C]
70. [A] [B] [C]

三、书写

71.
72.
73.
74.
75.

76.
77.
78.
79.
80.

HSK (三级) 答题卡

汉语水平考试　　HSK　　答题卡

——— 请填写考生信息 ———

按照考试证件上的姓名填写:

姓名

如果有中文姓名，请填写:

中文姓名

考生序号： [0] [1] [2] [3] [4] [5] [6] [7] [8] [9]
[0] [1] [2] [3] [4] [5] [6] [7] [8] [9]
[0] [1] [2] [3] [4] [5] [6] [7] [8] [9]
[0] [1] [2] [3] [4] [5] [6] [7] [8] [9]

——— 请填写考点信息 ———

考点代码： [0] [1] [2] [3] [4] [5] [6] [7] [8] [9]
[0] [1] [2] [3] [4] [5] [6] [7] [8] [9]
[0] [1] [2] [3] [4] [5] [6] [7] [8] [9]
[0] [1] [2] [3] [4] [5] [6] [7] [8] [9]
[0] [1] [2] [3] [4] [5] [6] [7] [8] [9]
[0] [1] [2] [3] [4] [5] [6] [7] [8] [9]

国籍： [0] [1] [2] [3] [4] [5] [6] [7] [8] [9]
[0] [1] [2] [3] [4] [5] [6] [7] [8] [9]

年龄： [0] [1] [2] [3] [4] [5] [6] [7] [8] [9]
[0] [1] [2] [3] [4] [5] [6] [7] [8] [9]

性别：　男 [1]　　女 [2]

注意　　请用2B铅笔这样写: ■

一、听力

1. [A] [B] [C] [D] [E] [F]
2. [A] [B] [C] [D] [E] [F]
3. [A] [B] [C] [D] [E] [F]
4. [A] [B] [C] [D] [E] [F]
5. [A] [B] [C] [D] [E] [F]
6. [A] [B] [C] [D] [E] [F]
7. [A] [B] [C] [D] [E] [F]
8. [A] [B] [C] [D] [E] [F]
9. [A] [B] [C] [D] [E] [F]
10. [A] [B] [C] [D] [E] [F]

11. [✓] [X]
12. [✓] [X]
13. [✓] [X]
14. [✓] [X]
15. [✓] [X]
16. [✓] [X]
17. [✓] [X]
18. [✓] [X]
19. [✓] [X]
20. [✓] [X]

21. [A] [B] [C] [D] [E] [F]
22. [A] [B] [C] [D] [E] [F]
23. [A] [B] [C] [D] [E] [F]
24. [A] [B] [C] [D] [E] [F]
25. [A] [B] [C] [D] [E] [F]

26. [A] [B] [C]
27. [A] [B] [C]
28. [A] [B] [C]
29. [A] [B] [C]
30. [A] [B] [C]
31. [A] [B] [C]
32. [A] [B] [C]
33. [A] [B] [C]
34. [A] [B] [C]
35. [A] [B] [C]
36. [A] [B] [C]
37. [A] [B] [C]
38. [A] [B] [C]
39. [A] [B] [C]
40. [A] [B] [C]

二、阅读

41. [A] [B] [C] [D] [E] [F]
42. [A] [B] [C] [D] [E] [F]
43. [A] [B] [C] [D] [E] [F]
44. [A] [B] [C] [D] [E] [F]
45. [A] [B] [C] [D] [E] [F]
46. [A] [B] [C] [D] [E] [F]
47. [A] [B] [C] [D] [E] [F]
48. [A] [B] [C] [D] [E] [F]
49. [A] [B] [C] [D] [E] [F]
50. [A] [B] [C] [D] [E] [F]

51. [A] [B] [C] [D] [E] [F]
52. [A] [B] [C] [D] [E] [F]
53. [A] [B] [C] [D] [E] [F]
54. [A] [B] [C] [D] [E] [F]
55. [A] [B] [C] [D] [E] [F]
56. [A] [B] [C] [D] [E] [F]
57. [A] [B] [C] [D] [E] [F]
58. [A] [B] [C] [D] [E] [F]
59. [A] [B] [C] [D] [E] [F]
60. [A] [B] [C] [D] [E] [F]

61. [A] [B] [C]
62. [A] [B] [C]
63. [A] [B] [C]
64. [A] [B] [C]
65. [A] [B] [C]
66. [A] [B] [C]
67. [A] [B] [C]
68. [A] [B] [C]
69. [A] [B] [C]
70. [A] [B] [C]

三、书写

71. _____

72. _____

73. _____

74. _____

75. _____

76. ___
77. ___
78. ___
79. ___
80. ___

HSK (三级) 答题卡

汉语水平考试　　HSK　　答题卡

—— 请填写考生信息 ——

按照考试证件上的姓名填写：

姓名

如果有中文姓名，请写：

中文姓名

考生序号
[0] [1] [2] [3] [4] [5] [6] [7] [8] [9]
[0] [1] [2] [3] [4] [5] [6] [7] [8] [9]
[0] [1] [2] [3] [4] [5] [6] [7] [8] [9]
[0] [1] [2] [3] [4] [5] [6] [7] [8] [9]

—— 请填写考点信息 ——

考点代码
[0] [1] [2] [3] [4] [5] [6] [7] [8] [9]
[0] [1] [2] [3] [4] [5] [6] [7] [8] [9]
[0] [1] [2] [3] [4] [5] [6] [7] [8] [9]
[0] [1] [2] [3] [4] [5] [6] [7] [8] [9]
[0] [1] [2] [3] [4] [5] [6] [7] [8] [9]
[0] [1] [2] [3] [4] [5] [6] [7] [8] [9]

国籍
[0] [1] [2] [3] [4] [5] [6] [7] [8] [9]
[0] [1] [2] [3] [4] [5] [6] [7] [8] [9]
[0] [1] [2] [3] [4] [5] [6] [7] [8] [9]

年龄
[0] [1] [2] [3] [4] [5] [6] [7] [8] [9]
[0] [1] [2] [3] [4] [5] [6] [7] [8] [9]

性别　　男 [1]　　女 [2]

注意　请用2B铅笔这样写：■

一、听力

1. [A] [B] [C] [D] [E] [F]
2. [A] [B] [C] [D] [E] [F]
3. [A] [B] [C] [D] [E] [F]
4. [A] [B] [C] [D] [E] [F]
5. [A] [B] [C] [D] [E] [F]

6. [A] [B] [C] [D] [E] [F]
7. [A] [B] [C] [D] [E] [F]
8. [A] [B] [C] [D] [E] [F]
9. [A] [B] [C] [D] [E] [F]
10. [A] [B] [C] [D] [E] [F]

11. [✓] [X]
12. [✓] [X]
13. [✓] [X]
14. [✓] [X]
15. [✓] [X]

16. [✓] [X]
17. [✓] [X]
18. [✓] [X]
19. [✓] [X]
20. [✓] [X]

21. [A] [B] [C]
22. [A] [B] [C]
23. [A] [B] [C]
24. [A] [B] [C]
25. [A] [B] [C]

26. [A] [B] [C]
27. [A] [B] [C]
28. [A] [B] [C]
29. [A] [B] [C]
30. [A] [B] [C]

31. [A] [B] [C]
32. [A] [B] [C]
33. [A] [B] [C]
34. [A] [B] [C]
35. [A] [B] [C]

36. [A] [B] [C]
37. [A] [B] [C]
38. [A] [B] [C]
39. [A] [B] [C]
40. [A] [B] [C]

二、阅读

41. [A] [B] [C] [D] [E] [F]
42. [A] [B] [C] [D] [E] [F]
43. [A] [B] [C] [D] [E] [F]
44. [A] [B] [C] [D] [E] [F]
45. [A] [B] [C] [D] [E] [F]

46. [A] [B] [C] [D] [E] [F]
47. [A] [B] [C] [D] [E] [F]
48. [A] [B] [C] [D] [E] [F]
49. [A] [B] [C] [D] [E] [F]
50. [A] [B] [C] [D] [E] [F]

51. [A] [B] [C] [D] [E] [F]
52. [A] [B] [C] [D] [E] [F]
53. [A] [B] [C] [D] [E] [F]
54. [A] [B] [C] [D] [E] [F]
55. [A] [B] [C] [D] [E] [F]

56. [A] [B] [C] [D] [E] [F]
57. [A] [B] [C] [D] [E] [F]
58. [A] [B] [C] [D] [E] [F]
59. [A] [B] [C] [D] [E] [F]
60. [A] [B] [C] [D] [E] [F]

61. [A] [B] [C]
62. [A] [B] [C]
63. [A] [B] [C]
64. [A] [B] [C]
65. [A] [B] [C]

66. [A] [B] [C]
67. [A] [B] [C]
68. [A] [B] [C]
69. [A] [B] [C]
70. [A] [B] [C]

三、书写

71. _____
72. _____
73. _____
74. _____
75. _____

76.　　77.　　78.　　79.　　80.

HSK (三级) 答题卡

汉语水平考试　　HSK　　答题卡

——请填写考生信息——　　　　——请填写考点信息——

按照考试证件上的姓名填写：

姓名

如果有中文姓名，请填写：

中文姓名

考生序号： [0][1][2][3][4][5][6][7][8][9] [0][1][2][3][4][5][6][7][8][9] [0][1][2][3][4][5][6][7][8][9] [0][1][2][3][4][5][6][7][8][9]

考点代码： [0][1][2][3][4][5][6][7][8][9] [0][1][2][3][4][5][6][7][8][9] [0][1][2][3][4][5][6][7][8][9] [0][1][2][3][4][5][6][7][8][9] [0][1][2][3][4][5][6][7][8][9] [0][1][2][3][4][5][6][7][8][9]

国籍： [0][1][2][3][4][5][6][7][8][9] [0][1][2][3][4][5][6][7][8][9] [0][1][2][3][4][5][6][7][8][9]

年龄： [0][1][2][3][4][5][6][7][8][9] [0][1][2][3][4][5][6][7][8][9]

性别：　男 [1]　　女 [2]

注意　请用2B铅笔这样写：■

一、听力

1. [A] [B] [C] [D] [E] [F]
2. [A] [B] [C] [D] [E] [F]
3. [A] [B] [C] [D] [E] [F]
4. [A] [B] [C] [D] [E] [F]
5. [A] [B] [C] [D] [E] [F]
6. [A] [B] [C] [D] [E] [F]
7. [A] [B] [C] [D] [E] [F]
8. [A] [B] [C] [D] [E] [F]
9. [A] [B] [C] [D] [E] [F]
10. [A] [B] [C] [D] [E] [F]
11. [✓] [X]
12. [✓] [X]
13. [✓] [X]
14. [✓] [X]
15. [✓] [X]
16. [✓] [X]
17. [✓] [X]
18. [✓] [X]
19. [✓] [X]
20. [✓] [X]
21. [A] [B] [C]
22. [A] [B] [C]
23. [A] [B] [C]
24. [A] [B] [C]
25. [A] [B] [C]
26. [A] [B] [C]
27. [A] [B] [C]
28. [A] [B] [C]
29. [A] [B] [C]
30. [A] [B] [C]
31. [A] [B] [C]
32. [A] [B] [C]
33. [A] [B] [C]
34. [A] [B] [C]
35. [A] [B] [C]
36. [A] [B] [C]
37. [A] [B] [C]
38. [A] [B] [C]
39. [A] [B] [C]
40. [A] [B] [C]

二、阅读

41. [A] [B] [C] [D] [E] [F]
42. [A] [B] [C] [D] [E] [F]
43. [A] [B] [C] [D] [E] [F]
44. [A] [B] [C] [D] [E] [F]
45. [A] [B] [C] [D] [E] [F]
46. [A] [B] [C] [D] [E] [F]
47. [A] [B] [C] [D] [E] [F]
48. [A] [B] [C] [D] [E] [F]
49. [A] [B] [C] [D] [E] [F]
50. [A] [B] [C] [D] [E] [F]
51. [A] [B] [C] [D] [E] [F]
52. [A] [B] [C] [D] [E] [F]
53. [A] [B] [C] [D] [E] [F]
54. [A] [B] [C] [D] [E] [F]
55. [A] [B] [C] [D] [E] [F]
56. [A] [B] [C] [D] [E] [F]
57. [A] [B] [C] [D] [E] [F]
58. [A] [B] [C] [D] [E] [F]
59. [A] [B] [C] [D] [E] [F]
60. [A] [B] [C] [D] [E] [F]
61. [A] [B] [C]
62. [A] [B] [C]
63. [A] [B] [C]
64. [A] [B] [C]
65. [A] [B] [C]
66. [A] [B] [C]
67. [A] [B] [C]
68. [A] [B] [C]
69. [A] [B] [C]
70. [A] [B] [C]

三、书写

71. _____
72. _____
73. _____
74. _____
75. _____

76. _____
77. _____
78. _____
79. _____
80. _____

HSK (三级) 答题卡

汉语水平考试 HSK 答题卡

——请填写考生信息——

按照考试证件上的姓名填写:

| 姓名 | |

如果有中文姓名,请填写:

| 中文姓名 | |

考生序号:
[0] [1] [2] [3] [4] [5] [6] [7] [8] [9]
[0] [1] [2] [3] [4] [5] [6] [7] [8] [9]
[0] [1] [2] [3] [4] [5] [6] [7] [8] [9]
[0] [1] [2] [3] [4] [5] [6] [7] [8] [9]
[0] [1] [2] [3] [4] [5] [6] [7] [8] [9]

——请填写考点信息——

考点代码:
[0] [1] [2] [3] [4] [5] [6] [7] [8] [9]
[0] [1] [2] [3] [4] [5] [6] [7] [8] [9]
[0] [1] [2] [3] [4] [5] [6] [7] [8] [9]
[0] [1] [2] [3] [4] [5] [6] [7] [8] [9]
[0] [1] [2] [3] [4] [5] [6] [7] [8] [9]
[0] [1] [2] [3] [4] [5] [6] [7] [8] [9]

国籍:
[0] [1] [2] [3] [4] [5] [6] [7] [8] [9]
[0] [1] [2] [3] [4] [5] [6] [7] [8] [9]
[0] [1] [2] [3] [4] [5] [6] [7] [8] [9]

年龄:
[0] [1] [2] [3] [4] [5] [6] [7] [8] [9]
[0] [1] [2] [3] [4] [5] [6] [7] [8] [9]

性别: 男 [1]　女 [2]

注意　请用2B铅笔这样写:　■

一、听力

1. [A] [B] [C] [D] [E] [F]
2. [A] [B] [C] [D] [E] [F]
3. [A] [B] [C] [D] [E] [F]
4. [A] [B] [C] [D] [E] [F]
5. [A] [B] [C] [D] [E] [F]
6. [A] [B] [C] [D] [E] [F]
7. [A] [B] [C] [D] [E] [F]
8. [A] [B] [C] [D] [E] [F]
9. [A] [B] [C] [D] [E] [F]
10. [A] [B] [C] [D] [E] [F]

11. [✓] [✗]　16. [✓] [✗]　21. [A] [B] [C]
12. [✓] [✗]　17. [✓] [✗]　22. [A] [B] [C]
13. [✓] [✗]　18. [✓] [✗]　23. [A] [B] [C]
14. [✓] [✗]　19. [✓] [✗]　24. [A] [B] [C]
15. [✓] [✗]　20. [✓] [✗]　25. [A] [B] [C]

26. [A] [B] [C]　31. [A] [B] [C]　36. [A] [B] [C]
27. [A] [B] [C]　32. [A] [B] [C]　37. [A] [B] [C]
28. [A] [B] [C]　33. [A] [B] [C]　38. [A] [B] [C]
29. [A] [B] [C]　34. [A] [B] [C]　39. [A] [B] [C]
30. [A] [B] [C]　35. [A] [B] [C]　40. [A] [B] [C]

二、阅读

41. [A] [B] [C] [D] [E] [F]　46. [A] [B] [C] [D] [E] [F]
42. [A] [B] [C] [D] [E] [F]　47. [A] [B] [C] [D] [E] [F]
43. [A] [B] [C] [D] [E] [F]　48. [A] [B] [C] [D] [E] [F]
44. [A] [B] [C] [D] [E] [F]　49. [A] [B] [C] [D] [E] [F]
45. [A] [B] [C] [D] [E] [F]　50. [A] [B] [C] [D] [E] [F]

51. [A] [B] [C] [D] [E] [F]　56. [A] [B] [C] [D] [E] [F]
52. [A] [B] [C] [D] [E] [F]　57. [A] [B] [C] [D] [E] [F]
53. [A] [B] [C] [D] [E] [F]　58. [A] [B] [C] [D] [E] [F]
54. [A] [B] [C] [D] [E] [F]　59. [A] [B] [C] [D] [E] [F]
55. [A] [B] [C] [D] [E] [F]　60. [A] [B] [C] [D] [E] [F]

61. [A] [B] [C]　66. [A] [B] [C]
62. [A] [B] [C]　67. [A] [B] [C]
63. [A] [B] [C]　68. [A] [B] [C]
64. [A] [B] [C]　69. [A] [B] [C]
65. [A] [B] [C]　70. [A] [B] [C]

三、书写

71. _____

72. _____

73. _____

74. _____

75. _____

76. ▢　77. ▢　78. ▢　79. ▢　80. ▢

HSK (三级) 答题卡

汉语水平考试　　HSK　　答题卡

―― 请填写考生信息 ――

按照考试证件上的姓名填写:

姓名

如果有中文姓名，请填写:

中文姓名

考生序号: [0] [1] [2] [3] [4] [5] [6] [7] [8] [9]
[0] [1] [2] [3] [4] [5] [6] [7] [8] [9]
[0] [1] [2] [3] [4] [5] [6] [7] [8] [9]
[0] [1] [2] [3] [4] [5] [6] [7] [8] [9]
[0] [1] [2] [3] [4] [5] [6] [7] [8] [9]

―― 请填写考点信息 ――

考点代码: [0] [1] [2] [3] [4] [5] [6] [7] [8] [9]
[0] [1] [2] [3] [4] [5] [6] [7] [8] [9]
[0] [1] [2] [3] [4] [5] [6] [7] [8] [9]
[0] [1] [2] [3] [4] [5] [6] [7] [8] [9]
[0] [1] [2] [3] [4] [5] [6] [7] [8] [9]
[0] [1] [2] [3] [4] [5] [6] [7] [8] [9]

国籍: [0] [1] [2] [3] [4] [5] [6] [7] [8] [9]
[0] [1] [2] [3] [4] [5] [6] [7] [8] [9]
[0] [1] [2] [3] [4] [5] [6] [7] [8] [9]

年龄: [0] [1] [2] [3] [4] [5] [6] [7] [8] [9]
[0] [1] [2] [3] [4] [5] [6] [7] [8] [9]

性别: 男 [1] 女 [2]

注意　请用2B铅笔这样写: ■

一、听力

1. [A] [B] [C] [D] [E] [F]　　6. [A] [B] [C] [D] [E] [F]
2. [A] [B] [C] [D] [E] [F]　　7. [A] [B] [C] [D] [E] [F]
3. [A] [B] [C] [D] [E] [F]　　8. [A] [B] [C] [D] [E] [F]
4. [A] [B] [C] [D] [E] [F]　　9. [A] [B] [C] [D] [E] [F]
5. [A] [B] [C] [D] [E] [F]　　10. [A] [B] [C] [D] [E] [F]

11. [✓] [✗]　　16. [✓] [✗]　　21. [A] [B] [C]
12. [✓] [✗]　　17. [✓] [✗]　　22. [A] [B] [C]
13. [✓] [✗]　　18. [✓] [✗]　　23. [A] [B] [C]
14. [✓] [✗]　　19. [✓] [✗]　　24. [A] [B] [C]
15. [✓] [✗]　　20. [✓] [✗]　　25. [A] [B] [C]

26. [A] [B] [C]　　31. [A] [B] [C]　　36. [A] [B] [C]
27. [A] [B] [C]　　32. [A] [B] [C]　　37. [A] [B] [C]
28. [A] [B] [C]　　33. [A] [B] [C]　　38. [A] [B] [C]
29. [A] [B] [C]　　34. [A] [B] [C]　　39. [A] [B] [C]
30. [A] [B] [C]　　35. [A] [B] [C]　　40. [A] [B] [C]

二、阅读

41. [A] [B] [C] [D] [E] [F]　　46. [A] [B] [C] [D] [E] [F]
42. [A] [B] [C] [D] [E] [F]　　47. [A] [B] [C] [D] [E] [F]
43. [A] [B] [C] [D] [E] [F]　　48. [A] [B] [C] [D] [E] [F]
44. [A] [B] [C] [D] [E] [F]　　49. [A] [B] [C] [D] [E] [F]
45. [A] [B] [C] [D] [E] [F]　　50. [A] [B] [C] [D] [E] [F]

51. [A] [B] [C] [D] [E] [F]　　56. [A] [B] [C] [D] [E] [F]
52. [A] [B] [C] [D] [E] [F]　　57. [A] [B] [C] [D] [E] [F]
53. [A] [B] [C] [D] [E] [F]　　58. [A] [B] [C] [D] [E] [F]
54. [A] [B] [C] [D] [E] [F]　　59. [A] [B] [C] [D] [E] [F]
55. [A] [B] [C] [D] [E] [F]　　60. [A] [B] [C] [D] [E] [F]

61. [A] [B] [C]　　66. [A] [B] [C]
62. [A] [B] [C]　　67. [A] [B] [C]
63. [A] [B] [C]　　68. [A] [B] [C]
64. [A] [B] [C]　　69. [A] [B] [C]
65. [A] [B] [C]　　70. [A] [B] [C]

三、书写

71. _____

72. _____

73. _____

74. _____

75. _____

76. ☐　　77. ☐　　78. ☐　　79. ☐　　80. ☐

HSK (三级) 答题卡

汉 语 水 平 考 试　　Ｈ Ｓ Ｋ　　答 题 卡

——请填写考生信息——

按照考试证件上的姓名填写：

姓名

如果有中文姓名，请填写：

中文姓名

考生序号
[0] [1] [2] [3] [4] [5] [6] [7] [8] [9]
[0] [1] [2] [3] [4] [5] [6] [7] [8] [9]
[0] [1] [2] [3] [4] [5] [6] [7] [8] [9]
[0] [1] [2] [3] [4] [5] [6] [7] [8] [9]
[0] [1] [2] [3] [4] [5] [6] [7] [8] [9]

——请填写考点信息——

考点代码
[0] [1] [2] [3] [4] [5] [6] [7] [8] [9]
[0] [1] [2] [3] [4] [5] [6] [7] [8] [9]
[0] [1] [2] [3] [4] [5] [6] [7] [8] [9]
[0] [1] [2] [3] [4] [5] [6] [7] [8] [9]
[0] [1] [2] [3] [4] [5] [6] [7] [8] [9]
[0] [1] [2] [3] [4] [5] [6] [7] [8] [9]

国籍
[0] [1] [2] [3] [4] [5] [6] [7] [8] [9]
[0] [1] [2] [3] [4] [5] [6] [7] [8] [9]
[0] [1] [2] [3] [4] [5] [6] [7] [8] [9]

年龄
[0] [1] [2] [3] [4] [5] [6] [7] [8] [9]
[0] [1] [2] [3] [4] [5] [6] [7] [8] [9]

性别　　男 [1]　　女 [2]

注意　请用2B铅笔这样写：■

一、听力

1. [A] [B] [C] [D] [E] [F]
2. [A] [B] [C] [D] [E] [F]
3. [A] [B] [C] [D] [E] [F]
4. [A] [B] [C] [D] [E] [F]
5. [A] [B] [C] [D] [E] [F]
6. [A] [B] [C] [D] [E] [F]
7. [A] [B] [C] [D] [E] [F]
8. [A] [B] [C] [D] [E] [F]
9. [A] [B] [C] [D] [E] [F]
10. [A] [B] [C] [D] [E] [F]

11. [✓] [X]
12. [✓] [X]
13. [✓] [X]
14. [✓] [X]
15. [✓] [X]
16. [✓] [X]
17. [✓] [X]
18. [✓] [X]
19. [✓] [X]
20. [✓] [X]

21. [A] [B] [C]
22. [A] [B] [C]
23. [A] [B] [C]
24. [A] [B] [C]
25. [A] [B] [C]

26. [A] [B] [C]
27. [A] [B] [C]
28. [A] [B] [C]
29. [A] [B] [C]
30. [A] [B] [C]
31. [A] [B] [C]
32. [A] [B] [C]
33. [A] [B] [C]
34. [A] [B] [C]
35. [A] [B] [C]
36. [A] [B] [C]
37. [A] [B] [C]
38. [A] [B] [C]
39. [A] [B] [C]
40. [A] [B] [C]

二、阅读

41. [A] [B] [C] [D] [E] [F]
42. [A] [B] [C] [D] [E] [F]
43. [A] [B] [C] [D] [E] [F]
44. [A] [B] [C] [D] [E] [F]
45. [A] [B] [C] [D] [E] [F]
46. [A] [B] [C] [D] [E] [F]
47. [A] [B] [C] [D] [E] [F]
48. [A] [B] [C] [D] [E] [F]
49. [A] [B] [C] [D] [E] [F]
50. [A] [B] [C] [D] [E] [F]

51. [A] [B] [C] [D] [E] [F]
52. [A] [B] [C] [D] [E] [F]
53. [A] [B] [C] [D] [E] [F]
54. [A] [B] [C] [D] [E] [F]
55. [A] [B] [C] [D] [E] [F]
56. [A] [B] [C] [D] [E] [F]
57. [A] [B] [C] [D] [E] [F]
58. [A] [B] [C] [D] [E] [F]
59. [A] [B] [C] [D] [E] [F]
60. [A] [B] [C] [D] [E] [F]

61. [A] [B] [C]
62. [A] [B] [C]
63. [A] [B] [C]
64. [A] [B] [C]
65. [A] [B] [C]
66. [A] [B] [C]
67. [A] [B] [C]
68. [A] [B] [C]
69. [A] [B] [C]
70. [A] [B] [C]

三、书写

71. _____

72. _____

73. _____

74. _____

75. _____

76. ☐　77. ☐　78. ☐　79. ☐　80. ☐

HSK (三级) 答题卡

汉语水平考试 HSK 答题卡

——— 请填写考生信息 ———

按照考试证件上的姓名填写:

姓名

如果有中文姓名,请填写:

中文姓名

考生序号: [0] [1] [2] [3] [4] [5] [6] [7] [8] [9]
[0] [1] [2] [3] [4] [5] [6] [7] [8] [9]
[0] [1] [2] [3] [4] [5] [6] [7] [8] [9]
[0] [1] [2] [3] [4] [5] [6] [7] [8] [9]
[0] [1] [2] [3] [4] [5] [6] [7] [8] [9]

——— 请填写考点信息 ———

考点代码:
[0] [1] [2] [3] [4] [5] [6] [7] [8] [9]
[0] [1] [2] [3] [4] [5] [6] [7] [8] [9]
[0] [1] [2] [3] [4] [5] [6] [7] [8] [9]
[0] [1] [2] [3] [4] [5] [6] [7] [8] [9]
[0] [1] [2] [3] [4] [5] [6] [7] [8] [9]
[0] [1] [2] [3] [4] [5] [6] [7] [8] [9]

国籍:
[0] [1] [2] [3] [4] [5] [6] [7] [8] [9]
[0] [1] [2] [3] [4] [5] [6] [7] [8] [9]
[0] [1] [2] [3] [4] [5] [6] [7] [8] [9]

年龄:
[0] [1] [2] [3] [4] [5] [6] [7] [8] [9]
[0] [1] [2] [3] [4] [5] [6] [7] [8] [9]

性别: 男 [1] 女 [2]

注意 请用2B铅笔这样写: ■

一、听力

1. [A] [B] [C] [D] [E] [F]
2. [A] [B] [C] [D] [E] [F]
3. [A] [B] [C] [D] [E] [F]
4. [A] [B] [C] [D] [E] [F]
5. [A] [B] [C] [D] [E] [F]
6. [A] [B] [C] [D] [E] [F]
7. [A] [B] [C] [D] [E] [F]
8. [A] [B] [C] [D] [E] [F]
9. [A] [B] [C] [D] [E] [F]
10. [A] [B] [C] [D] [E] [F]

11. [✓] [X]
12. [✓] [X]
13. [✓] [X]
14. [✓] [X]
15. [✓] [X]
16. [✓] [X]
17. [✓] [X]
18. [✓] [X]
19. [✓] [X]
20. [✓] [X]

21. [A] [B] [C]
22. [A] [B] [C]
23. [A] [B] [C]
24. [A] [B] [C]
25. [A] [B] [C]

26. [A] [B] [C]
27. [A] [B] [C]
28. [A] [B] [C]
29. [A] [B] [C]
30. [A] [B] [C]
31. [A] [B] [C]
32. [A] [B] [C]
33. [A] [B] [C]
34. [A] [B] [C]
35. [A] [B] [C]
36. [A] [B] [C]
37. [A] [B] [C]
38. [A] [B] [C]
39. [A] [B] [C]
40. [A] [B] [C]

二、阅读

41. [A] [B] [C] [D] [E] [F]
42. [A] [B] [C] [D] [E] [F]
43. [A] [B] [C] [D] [E] [F]
44. [A] [B] [C] [D] [E] [F]
45. [A] [B] [C] [D] [E] [F]
46. [A] [B] [C] [D] [E] [F]
47. [A] [B] [C] [D] [E] [F]
48. [A] [B] [C] [D] [E] [F]
49. [A] [B] [C] [D] [E] [F]
50. [A] [B] [C] [D] [E] [F]

51. [A] [B] [C] [D] [E] [F]
52. [A] [B] [C] [D] [E] [F]
53. [A] [B] [C] [D] [E] [F]
54. [A] [B] [C] [D] [E] [F]
55. [A] [B] [C] [D] [E] [F]
56. [A] [B] [C] [D] [E] [F]
57. [A] [B] [C] [D] [E] [F]
58. [A] [B] [C] [D] [E] [F]
59. [A] [B] [C] [D] [E] [F]
60. [A] [B] [C] [D] [E] [F]

61. [A] [B] [C]
62. [A] [B] [C]
63. [A] [B] [C]
64. [A] [B] [C]
65. [A] [B] [C]
66. [A] [B] [C]
67. [A] [B] [C]
68. [A] [B] [C]
69. [A] [B] [C]
70. [A] [B] [C]

三、书写

71. _____
72. _____
73. _____
74. _____
75. _____

76. ____
77. ____
78. ____
79. ____
80. ____

HSK (三级) 答题卡

汉语水平考试　　HSK　　答题卡

——— 请填写考生信息 ———

按照考试证件上的姓名填写：

姓名

如果有中文姓名，请填写：

中文姓名

考生序号: [0][1][2][3][4][5][6][7][8][9] (×4)

——— 请填写考点信息 ———

考点代码: [0][1][2][3][4][5][6][7][8][9] (×7)

国籍: [0][1][2][3][4][5][6][7][8][9] (×3)

年龄: [0][1][2][3][4][5][6][7][8][9] (×2)

性别: 男 [1] 　女 [2]

注意　请用2B铅笔这样写：■

一、听力

1. [A][B][C][D][E][F]　6. [A][B][C][D][E][F]
2. [A][B][C][D][E][F]　7. [A][B][C][D][E][F]
3. [A][B][C][D][E][F]　8. [A][B][C][D][E][F]
4. [A][B][C][D][E][F]　9. [A][B][C][D][E][F]
5. [A][B][C][D][E][F]　10. [A][B][C][D][E][F]

11. [✓][✗]　16. [✓][✗]　21. [A][B][C]
12. [✓][✗]　17. [✓][✗]　22. [A][B][C]
13. [✓][✗]　18. [✓][✗]　23. [A][B][C]
14. [✓][✗]　19. [✓][✗]　24. [A][B][C]
15. [✓][✗]　20. [✓][✗]　25. [A][B][C]

26. [A][B][C]　31. [A][B][C]　36. [A][B][C]
27. [A][B][C]　32. [A][B][C]　37. [A][B][C]
28. [A][B][C]　33. [A][B][C]　38. [A][B][C]
29. [A][B][C]　34. [A][B][C]　39. [A][B][C]
30. [A][B][C]　35. [A][B][C]　40. [A][B][C]

二、阅读

41. [A][B][C][D][E][F]　46. [A][B][C][D][E][F]
42. [A][B][C][D][E][F]　47. [A][B][C][D][E][F]
43. [A][B][C][D][E][F]　48. [A][B][C][D][E][F]
44. [A][B][C][D][E][F]　49. [A][B][C][D][E][F]
45. [A][B][C][D][E][F]　50. [A][B][C][D][E][F]

51. [A][B][C][D][E][F]　56. [A][B][C][D][E][F]
52. [A][B][C][D][E][F]　57. [A][B][C][D][E][F]
53. [A][B][C][D][E][F]　58. [A][B][C][D][E][F]
54. [A][B][C][D][E][F]　59. [A][B][C][D][E][F]
55. [A][B][C][D][E][F]　60. [A][B][C][D][E][F]

61. [A][B][C]　66. [A][B][C]
62. [A][B][C]　67. [A][B][C]
63. [A][B][C]　68. [A][B][C]
64. [A][B][C]　69. [A][B][C]
65. [A][B][C]　70. [A][B][C]

三、书写

71. _____
72. _____
73. _____
74. _____
75. _____

76. ___　77. ___　78. ___　79. ___　80. ___

HSK(三级)答题卡

汉语水平考试 HSK 答题卡

——— 请填写考生信息 ———

按照考试证件上的姓名填写:

姓名

如果有中文姓名,请填写:

中文姓名

考生序号: [0] [1] [2] [3] [4] [5] [6] [7] [8] [9]
[0] [1] [2] [3] [4] [5] [6] [7] [8] [9]
[0] [1] [2] [3] [4] [5] [6] [7] [8] [9]
[0] [1] [2] [3] [4] [5] [6] [7] [8] [9]

——— 请填写考点信息 ———

考点代码: [0] [1] [2] [3] [4] [5] [6] [7] [8] [9]
[0] [1] [2] [3] [4] [5] [6] [7] [8] [9]
[0] [1] [2] [3] [4] [5] [6] [7] [8] [9]
[0] [1] [2] [3] [4] [5] [6] [7] [8] [9]
[0] [1] [2] [3] [4] [5] [6] [7] [8] [9]
[0] [1] [2] [3] [4] [5] [6] [7] [8] [9]
[0] [1] [2] [3] [4] [5] [6] [7] [8] [9]

国籍: [0] [1] [2] [3] [4] [5] [6] [7] [8] [9]
[0] [1] [2] [3] [4] [5] [6] [7] [8] [9]
[0] [1] [2] [3] [4] [5] [6] [7] [8] [9]

年龄: [0] [1] [2] [3] [4] [5] [6] [7] [8] [9]
[0] [1] [2] [3] [4] [5] [6] [7] [8] [9]

性别: 男 [1]   女 [2]

注意 请用2B铅笔这样写: ■

一、听力

1. [A] [B] [C] [D] [E] [F]
2. [A] [B] [C] [D] [E] [F]
3. [A] [B] [C] [D] [E] [F]
4. [A] [B] [C] [D] [E] [F]
5. [A] [B] [C] [D] [E] [F]
6. [A] [B] [C] [D] [E] [F]
7. [A] [B] [C] [D] [E] [F]
8. [A] [B] [C] [D] [E] [F]
9. [A] [B] [C] [D] [E] [F]
10. [A] [B] [C] [D] [E] [F]

11. [✓] [X]
12. [✓] [X]
13. [✓] [X]
14. [✓] [X]
15. [✓] [X]
16. [✓] [X]
17. [✓] [X]
18. [✓] [X]
19. [✓] [X]
20. [✓] [X]

21. [A] [B] [C]
22. [A] [B] [C]
23. [A] [B] [C]
24. [A] [B] [C]
25. [A] [B] [C]

26. [A] [B] [C]
27. [A] [B] [C]
28. [A] [B] [C]
29. [A] [B] [C]
30. [A] [B] [C]
31. [A] [B] [C]
32. [A] [B] [C]
33. [A] [B] [C]
34. [A] [B] [C]
35. [A] [B] [C]
36. [A] [B] [C]
37. [A] [B] [C]
38. [A] [B] [C]
39. [A] [B] [C]
40. [A] [B] [C]

二、阅读

41. [A] [B] [C] [D] [E] [F]
42. [A] [B] [C] [D] [E] [F]
43. [A] [B] [C] [D] [E] [F]
44. [A] [B] [C] [D] [E] [F]
45. [A] [B] [C] [D] [E] [F]
46. [A] [B] [C] [D] [E] [F]
47. [A] [B] [C] [D] [E] [F]
48. [A] [B] [C] [D] [E] [F]
49. [A] [B] [C] [D] [E] [F]
50. [A] [B] [C] [D] [E] [F]

51. [A] [B] [C] [D] [E] [F]
52. [A] [B] [C] [D] [E] [F]
53. [A] [B] [C] [D] [E] [F]
54. [A] [B] [C] [D] [E] [F]
55. [A] [B] [C] [D] [E] [F]
56. [A] [B] [C] [D] [E] [F]
57. [A] [B] [C] [D] [E] [F]
58. [A] [B] [C] [D] [E] [F]
59. [A] [B] [C] [D] [E] [F]
60. [A] [B] [C] [D] [E] [F]

61. [A] [B] [C]
62. [A] [B] [C]
63. [A] [B] [C]
64. [A] [B] [C]
65. [A] [B] [C]
66. [A] [B] [C]
67. [A] [B] [C]
68. [A] [B] [C]
69. [A] [B] [C]
70. [A] [B] [C]

三、书写

71.

72.

73.

74.

75.

76.

77.

78.

79.

80.

HSK（三级）答题卡

汉语水平考试　HSK　答题卡

——请填写考生信息——

按照考试证件上的姓名填写：

姓名

如果有中文姓名，请填写：

中文姓名

考生序号：[0][1][2][3][4][5][6][7][8][9]

——请填写考点信息——

考点代码：[0][1][2][3][4][5][6][7][8][9]

国籍：[0][1][2][3][4][5][6][7][8][9]

年龄：[0][1][2][3][4][5][6][7][8][9]

性别：　男[1]　女[2]

注意　请用2B铅笔这样写：■

一、听力

1. [A] [B] [C] [D] [E] [F]
2. [A] [B] [C] [D] [E] [F]
3. [A] [B] [C] [D] [E] [F]
4. [A] [B] [C] [D] [E] [F]
5. [A] [B] [C] [D] [E] [F]
6. [A] [B] [C] [D] [E] [F]
7. [A] [B] [C] [D] [E] [F]
8. [A] [B] [C] [D] [E] [F]
9. [A] [B] [C] [D] [E] [F]
10. [A] [B] [C] [D] [E] [F]

11. [✓] [X]　16. [✓] [X]
12. [✓] [X]　17. [✓] [X]
13. [✓] [X]　18. [✓] [X]
14. [✓] [X]　19. [✓] [X]
15. [✓] [X]　20. [✓] [X]

21. [A] [B] [C]
22. [A] [B] [C]
23. [A] [B] [C]
24. [A] [B] [C]
25. [A] [B] [C]

26. [A] [B] [C]　31. [A] [B] [C]　36. [A] [B] [C]
27. [A] [B] [C]　32. [A] [B] [C]　37. [A] [B] [C]
28. [A] [B] [C]　33. [A] [B] [C]　38. [A] [B] [C]
29. [A] [B] [C]　34. [A] [B] [C]　39. [A] [B] [C]
30. [A] [B] [C]　35. [A] [B] [C]　40. [A] [B] [C]

二、阅读

41. [A] [B] [C] [D] [E] [F]　46. [A] [B] [C] [D] [E] [F]
42. [A] [B] [C] [D] [E] [F]　47. [A] [B] [C] [D] [E] [F]
43. [A] [B] [C] [D] [E] [F]　48. [A] [B] [C] [D] [E] [F]
44. [A] [B] [C] [D] [E] [F]　49. [A] [B] [C] [D] [E] [F]
45. [A] [B] [C] [D] [E] [F]　50. [A] [B] [C] [D] [E] [F]

51. [A] [B] [C] [D] [E] [F]　56. [A] [B] [C] [D] [E] [F]
52. [A] [B] [C] [D] [E] [F]　57. [A] [B] [C] [D] [E] [F]
53. [A] [B] [C] [D] [E] [F]　58. [A] [B] [C] [D] [E] [F]
54. [A] [B] [C] [D] [E] [F]　59. [A] [B] [C] [D] [E] [F]
55. [A] [B] [C] [D] [E] [F]　60. [A] [B] [C] [D] [E] [F]

61. [A] [B] [C]　66. [A] [B] [C]
62. [A] [B] [C]　67. [A] [B] [C]
63. [A] [B] [C]　68. [A] [B] [C]
64. [A] [B] [C]　69. [A] [B] [C]
65. [A] [B] [C]　70. [A] [B] [C]

三、书写

71. _____
72. _____
73. _____
74. _____
75. _____

76. ☐　77. ☐　78. ☐　79. ☐　80. ☐

HSK (三级) 答题卡

汉语水平考试　HSK　答题卡

—— 请填写考生信息 ——

按照考试证件上的姓名填写：

姓名

如果有中文姓名，请填写：

中文姓名

考生序号
[0] [1] [2] [3] [4] [5] [6] [7] [8] [9]
[0] [1] [2] [3] [4] [5] [6] [7] [8] [9]
[0] [1] [2] [3] [4] [5] [6] [7] [8] [9]
[0] [1] [2] [3] [4] [5] [6] [7] [8] [9]
[0] [1] [2] [3] [4] [5] [6] [7] [8] [9]

—— 请填写考点信息 ——

考点代码
[0] [1] [2] [3] [4] [5] [6] [7] [8] [9]
[0] [1] [2] [3] [4] [5] [6] [7] [8] [9]
[0] [1] [2] [3] [4] [5] [6] [7] [8] [9]
[0] [1] [2] [3] [4] [5] [6] [7] [8] [9]
[0] [1] [2] [3] [4] [5] [6] [7] [8] [9]
[0] [1] [2] [3] [4] [5] [6] [7] [8] [9]
[0] [1] [2] [3] [4] [5] [6] [7] [8] [9]

国籍
[0] [1] [2] [3] [4] [5] [6] [7] [8] [9]
[0] [1] [2] [3] [4] [5] [6] [7] [8] [9]
[0] [1] [2] [3] [4] [5] [6] [7] [8] [9]

年龄
[0] [1] [2] [3] [4] [5] [6] [7] [8] [9]
[0] [1] [2] [3] [4] [5] [6] [7] [8] [9]

性别　　男 [1]　　女 [2]

注意　请用2B铅笔这样写：■

一、听力

1. [A] [B] [C] [D] [E] [F]
2. [A] [B] [C] [D] [E] [F]
3. [A] [B] [C] [D] [E] [F]
4. [A] [B] [C] [D] [E] [F]
5. [A] [B] [C] [D] [E] [F]

6. [A] [B] [C] [D] [E] [F]
7. [A] [B] [C] [D] [E] [F]
8. [A] [B] [C] [D] [E] [F]
9. [A] [B] [C] [D] [E] [F]
10. [A] [B] [C] [D] [E] [F]

11. [✓] [X]
12. [✓] [X]
13. [✓] [X]
14. [✓] [X]
15. [✓] [X]

16. [✓] [X]
17. [✓] [X]
18. [✓] [X]
19. [✓] [X]
20. [✓] [X]

21. [A] [B] [C]
22. [A] [B] [C]
23. [A] [B] [C]
24. [A] [B] [C]
25. [A] [B] [C]

26. [A] [B] [C]
27. [A] [B] [C]
28. [A] [B] [C]
29. [A] [B] [C]
30. [A] [B] [C]

31. [A] [B] [C]
32. [A] [B] [C]
33. [A] [B] [C]
34. [A] [B] [C]
35. [A] [B] [C]

36. [A] [B] [C]
37. [A] [B] [C]
38. [A] [B] [C]
39. [A] [B] [C]
40. [A] [B] [C]

二、阅读

41. [A] [B] [C] [D] [E] [F]
42. [A] [B] [C] [D] [E] [F]
43. [A] [B] [C] [D] [E] [F]
44. [A] [B] [C] [D] [E] [F]
45. [A] [B] [C] [D] [E] [F]

46. [A] [B] [C] [D] [E] [F]
47. [A] [B] [C] [D] [E] [F]
48. [A] [B] [C] [D] [E] [F]
49. [A] [B] [C] [D] [E] [F]
50. [A] [B] [C] [D] [E] [F]

51. [A] [B] [C] [D] [E] [F]
52. [A] [B] [C] [D] [E] [F]
53. [A] [B] [C] [D] [E] [F]
54. [A] [B] [C] [D] [E] [F]
55. [A] [B] [C] [D] [E] [F]

56. [A] [B] [C] [D] [E] [F]
57. [A] [B] [C] [D] [E] [F]
58. [A] [B] [C] [D] [E] [F]
59. [A] [B] [C] [D] [E] [F]
60. [A] [B] [C] [D] [E] [F]

61. [A] [B] [C]
62. [A] [B] [C]
63. [A] [B] [C]
64. [A] [B] [C]
65. [A] [B] [C]

66. [A] [B] [C]
67. [A] [B] [C]
68. [A] [B] [C]
69. [A] [B] [C]
70. [A] [B] [C]

三、书写

71.

72.

73.

74.

75.

76.

77.

78.

79.

80.

HSK (三级) 答题卡

汉语水平考试　HSK　答题卡

——请填写考生信息——

按照考试证件上的姓名填写：

姓名

如果有中文姓名，请填写：

中文姓名

考生序号
[0] [1] [2] [3] [4] [5] [6] [7] [8] [9]
[0] [1] [2] [3] [4] [5] [6] [7] [8] [9]
[0] [1] [2] [3] [4] [5] [6] [7] [8] [9]
[0] [1] [2] [3] [4] [5] [6] [7] [8] [9]
[0] [1] [2] [3] [4] [5] [6] [7] [8] [9]

——请填写考点信息——

考点代码
[0] [1] [2] [3] [4] [5] [6] [7] [8] [9]
[0] [1] [2] [3] [4] [5] [6] [7] [8] [9]
[0] [1] [2] [3] [4] [5] [6] [7] [8] [9]
[0] [1] [2] [3] [4] [5] [6] [7] [8] [9]
[0] [1] [2] [3] [4] [5] [6] [7] [8] [9]
[0] [1] [2] [3] [4] [5] [6] [7] [8] [9]
[0] [1] [2] [3] [4] [5] [6] [7] [8] [9]

国籍
[0] [1] [2] [3] [4] [5] [6] [7] [8] [9]
[0] [1] [2] [3] [4] [5] [6] [7] [8] [9]
[0] [1] [2] [3] [4] [5] [6] [7] [8] [9]

年龄
[0] [1] [2] [3] [4] [5] [6] [7] [8] [9]
[0] [1] [2] [3] [4] [5] [6] [7] [8] [9]

性别　　男 [1]　　女 [2]

注意　请用2B铅笔这样写：■

一、听力

1. [A] [B] [C] [D] [E] [F]
2. [A] [B] [C] [D] [E] [F]
3. [A] [B] [C] [D] [E] [F]
4. [A] [B] [C] [D] [E] [F]
5. [A] [B] [C] [D] [E] [F]
6. [A] [B] [C] [D] [E] [F]
7. [A] [B] [C] [D] [E] [F]
8. [A] [B] [C] [D] [E] [F]
9. [A] [B] [C] [D] [E] [F]
10. [A] [B] [C] [D] [E] [F]

11. [✓] [X]
12. [✓] [X]
13. [✓] [X]
14. [✓] [X]
15. [✓] [X]
16. [✓] [X]
17. [✓] [X]
18. [✓] [X]
19. [✓] [X]
20. [✓] [X]

21. [A] [B] [C]
22. [A] [B] [C]
23. [A] [B] [C]
24. [A] [B] [C]
25. [A] [B] [C]

26. [A] [B] [C]
27. [A] [B] [C]
28. [A] [B] [C]
29. [A] [B] [C]
30. [A] [B] [C]
31. [A] [B] [C]
32. [A] [B] [C]
33. [A] [B] [C]
34. [A] [B] [C]
35. [A] [B] [C]
36. [A] [B] [C]
37. [A] [B] [C]
38. [A] [B] [C]
39. [A] [B] [C]
40. [A] [B] [C]

二、阅读

41. [A] [B] [C] [D] [E] [F]
42. [A] [B] [C] [D] [E] [F]
43. [A] [B] [C] [D] [E] [F]
44. [A] [B] [C] [D] [E] [F]
45. [A] [B] [C] [D] [E] [F]
46. [A] [B] [C] [D] [E] [F]
47. [A] [B] [C] [D] [E] [F]
48. [A] [B] [C] [D] [E] [F]
49. [A] [B] [C] [D] [E] [F]
50. [A] [B] [C] [D] [E] [F]

51. [A] [B] [C] [D] [E] [F]
52. [A] [B] [C] [D] [E] [F]
53. [A] [B] [C] [D] [E] [F]
54. [A] [B] [C] [D] [E] [F]
55. [A] [B] [C] [D] [E] [F]
56. [A] [B] [C] [D] [E] [F]
57. [A] [B] [C] [D] [E] [F]
58. [A] [B] [C] [D] [E] [F]
59. [A] [B] [C] [D] [E] [F]
60. [A] [B] [C] [D] [E] [F]

61. [A] [B] [C]
62. [A] [B] [C]
63. [A] [B] [C]
64. [A] [B] [C]
65. [A] [B] [C]
66. [A] [B] [C]
67. [A] [B] [C]
68. [A] [B] [C]
69. [A] [B] [C]
70. [A] [B] [C]

三、书写

71.

72.

73.

74.

75.

76.

77.

78.

79.

80.

HSK (三级) 答题卡

汉语水平考试 HSK 答题卡

―――― 请填写考生信息 ――――

按照考试证件上的姓名填写:

姓名

如果有中文姓名,请填写:

中文姓名

考生序号: [0][1][2][3][4][5][6][7][8][9] [0][1][2][3][4][5][6][7][8][9] [0][1][2][3][4][5][6][7][8][9] [0][1][2][3][4][5][6][7][8][9]

―――― 请填写考点信息 ――――

考点代码: [0][1][2][3][4][5][6][7][8][9] [0][1][2][3][4][5][6][7][8][9] [0][1][2][3][4][5][6][7][8][9] [0][1][2][3][4][5][6][7][8][9] [0][1][2][3][4][5][6][7][8][9] [0][1][2][3][4][5][6][7][8][9]

国籍: [0][1][2][3][4][5][6][7][8][9] [0][1][2][3][4][5][6][7][8][9] [0][1][2][3][4][5][6][7][8][9]

年龄: [0][1][2][3][4][5][6][7][8][9] [0][1][2][3][4][5][6][7][8][9]

性别: 男 [1]   女 [2]

注意 请用2B铅笔这样写: ■

一、听力

1. [A] [B] [C] [D] [E] [F]
2. [A] [B] [C] [D] [E] [F]
3. [A] [B] [C] [D] [E] [F]
4. [A] [B] [C] [D] [E] [F]
5. [A] [B] [C] [D] [E] [F]
6. [A] [B] [C] [D] [E] [F]
7. [A] [B] [C] [D] [E] [F]
8. [A] [B] [C] [D] [E] [F]
9. [A] [B] [C] [D] [E] [F]
10. [A] [B] [C] [D] [E] [F]

11. [✓] [X]
12. [✓] [X]
13. [✓] [X]
14. [✓] [X]
15. [✓] [X]
16. [✓] [X]
17. [✓] [X]
18. [✓] [X]
19. [✓] [X]
20. [✓] [X]

21. [A] [B] [C]
22. [A] [B] [C]
23. [A] [B] [C]
24. [A] [B] [C]
25. [A] [B] [C]

26. [A] [B] [C]
27. [A] [B] [C]
28. [A] [B] [C]
29. [A] [B] [C]
30. [A] [B] [C]
31. [A] [B] [C]
32. [A] [B] [C]
33. [A] [B] [C]
34. [A] [B] [C]
35. [A] [B] [C]
36. [A] [B] [C]
37. [A] [B] [C]
38. [A] [B] [C]
39. [A] [B] [C]
40. [A] [B] [C]

二、阅读

41. [A] [B] [C] [D] [E] [F]
42. [A] [B] [C] [D] [E] [F]
43. [A] [B] [C] [D] [E] [F]
44. [A] [B] [C] [D] [E] [F]
45. [A] [B] [C] [D] [E] [F]
46. [A] [B] [C] [D] [E] [F]
47. [A] [B] [C] [D] [E] [F]
48. [A] [B] [C] [D] [E] [F]
49. [A] [B] [C] [D] [E] [F]
50. [A] [B] [C] [D] [E] [F]

51. [A] [B] [C]
52. [A] [B] [C]
53. [A] [B] [C]
54. [A] [B] [C]
55. [A] [B] [C] [D] [E] [F]
56. [A] [B] [C]
57. [A] [B] [C]
58. [A] [B] [C]
59. [A] [B] [C]
60. [A] [B] [C] [D] [E] [F]

61. [A] [B] [C]
62. [A] [B] [C]
63. [A] [B] [C]
64. [A] [B] [C]
65. [A] [B] [C]
66. [A] [B] [C]
67. [A] [B] [C]
68. [A] [B] [C]
69. [A] [B] [C]
70. [A] [B] [C]

三、书写

71. _____
72. _____
73. _____
74. _____
75. _____

76. _____
77. _____
78. _____
79. _____
80. _____

HSK (三级) 答题卡

汉语水平考试　HSK　答题卡

——— 请填写考生信息 ———

按照考试证件上的姓名填写：

姓名

如果有中文姓名，请填写：

中文姓名

考生序号： [0][1][2][3][4][5][6][7][8][9]
[0][1][2][3][4][5][6][7][8][9]
[0][1][2][3][4][5][6][7][8][9]
[0][1][2][3][4][5][6][7][8][9]

——— 请填写考点信息 ———

考点代码：
[0][1][2][3][4][5][6][7][8][9]
[0][1][2][3][4][5][6][7][8][9]
[0][1][2][3][4][5][6][7][8][9]
[0][1][2][3][4][5][6][7][8][9]
[0][1][2][3][4][5][6][7][8][9]
[0][1][2][3][4][5][6][7][8][9]

国籍：
[0][1][2][3][4][5][6][7][8][9]
[0][1][2][3][4][5][6][7][8][9]
[0][1][2][3][4][5][6][7][8][9]

年龄：
[0][1][2][3][4][5][6][7][8][9]
[0][1][2][3][4][5][6][7][8][9]

性别：　男[1]　　女[2]

注意　请用2B铅笔这样写：■

一、听力

1. [A] [B] [C] [D] [E] [F]
2. [A] [B] [C] [D] [E] [F]
3. [A] [B] [C] [D] [E] [F]
4. [A] [B] [C] [D] [E] [F]
5. [A] [B] [C] [D] [E] [F]
6. [A] [B] [C] [D] [E] [F]
7. [A] [B] [C] [D] [E] [F]
8. [A] [B] [C] [D] [E] [F]
9. [A] [B] [C] [D] [E] [F]
10. [A] [B] [C] [D] [E] [F]

11. [✓] [✗]
12. [✓] [✗]
13. [✓] [✗]
14. [✓] [✗]
15. [✓] [✗]
16. [✓] [✗]
17. [✓] [✗]
18. [✓] [✗]
19. [✓] [✗]
20. [✓] [✗]

21. [A] [B] [C]
22. [A] [B] [C]
23. [A] [B] [C]
24. [A] [B] [C]
25. [A] [B] [C]

26. [A] [B] [C]
27. [A] [B] [C]
28. [A] [B] [C]
29. [A] [B] [C]
30. [A] [B] [C]
31. [A] [B] [C]
32. [A] [B] [C]
33. [A] [B] [C]
34. [A] [B] [C]
35. [A] [B] [C]
36. [A] [B] [C]
37. [A] [B] [C]
38. [A] [B] [C]
39. [A] [B] [C]
40. [A] [B] [C]

二、阅读

41. [A] [B] [C] [D] [E] [F]
42. [A] [B] [C] [D] [E] [F]
43. [A] [B] [C] [D] [E] [F]
44. [A] [B] [C] [D] [E] [F]
45. [A] [B] [C] [D] [E] [F]
46. [A] [B] [C] [D] [E] [F]
47. [A] [B] [C] [D] [E] [F]
48. [A] [B] [C] [D] [E] [F]
49. [A] [B] [C] [D] [E] [F]
50. [A] [B] [C] [D] [E] [F]

51. [A] [B] [C] [D] [E] [F]
52. [A] [B] [C] [D] [E] [F]
53. [A] [B] [C] [D] [E] [F]
54. [A] [B] [C] [D] [E] [F]
55. [A] [B] [C] [D] [E] [F]
56. [A] [B] [C] [D] [E] [F]
57. [A] [B] [C] [D] [E] [F]
58. [A] [B] [C] [D] [E] [F]
59. [A] [B] [C] [D] [E] [F]
60. [A] [B] [C] [D] [E] [F]

61. [A] [B] [C]
62. [A] [B] [C]
63. [A] [B] [C]
64. [A] [B] [C]
65. [A] [B] [C]
66. [A] [B] [C]
67. [A] [B] [C]
68. [A] [B] [C]
69. [A] [B] [C]
70. [A] [B] [C]

三、书写

71. _____

72. _____

73. _____

74. _____

75. _____

76. ☐　77. ☐　78. ☐　79. ☐　80. ☐

新 HSK 기출모의문제집

문제 풀이만으로 한 번에 합격하는 비법!

★ **국내 최초, 각 급수별 최다 문제 수록!**
문제 풀이만으로 중국어 원리까지 이해되는 획기적 구성의 문제들

★ **HSK 시험 요강과 기출문제를 완벽하게 분석!**
新HSK 기출문제를 8년간 완벽하게 분석하여 반영한 문제들

★ **다년간의 연구와 강의 경험을 자랑하는 집필진!**
실제 기출문제 집필진이 엄선한 적중률 높은 문제들

★ **실제 시험과 똑같은 구성의 모의고사 총 15회분!**
기본서 필요 없이 문제만 풀어도 중국어 원리가 이해되는 문제들

★ **1탄 시리즈 10만 부 판매의 집필진이 새로운 문제 흐름 반영!**
新HSK 모의고사 시리즈로 이미 검증된 집필진의 새로운 문제들